周易文化讲论

刘大钧 主编

《周易》与儒学

刘云超 著

生活·讀書·新知 三联书店

Copyright © 2018 by SDX Joint Publishing Company
All Rights Reserved.
本作品版权由生活·读书·新知三联书店所有。
未经许可,不得翻印。

图书在版编目(CIP)数据

《周易》与儒学 / 刘云超著. — 北京:生活·读书·
新知三联书店,2018.5
(周易文化讲论)
ISBN 978-7-108-06163-8

Ⅰ. ①周… Ⅱ. ①刘… Ⅲ. ①《周易》-研究 ②儒学
-研究 Ⅳ. ①B221.5

中国版本图书馆 CIP 数据核字(2018)第 017004 号

责任编辑	成 华
封面设计	刘 俊
责任印制	黄雪明
出版发行	生活·讀書·新知 三联书店
	(北京市东城区美术馆东街 22 号)
邮 编	100010
印 刷	四川省南方印务有限公司
排 版	成都勤慧彩色制版印务有限公司
版 次	2018 年 5 月第 1 版
	2018 年 5 月第 1 次印刷
开 本	185 毫米×130 毫米 1/32 印张 5.875
字 数	75 千字
定 价	22.00 元

总　序

一百余年前，以天朝自诩的清朝政府，经鸦片战争至甲午海战，每战必败，接之而来的是割地赔款，签订不平等条约。面对国运多舛、国人受侮，当时先进的知识分子在激愤之下，错误地将矛头对准以儒家为核心的中国传统文化，一时极尽羞辱之能事。如时人吴稚晖提出要把"国故"丢到"茅厕"里，而钱玄同等一众学者要求全面废除汉字。如此种种，千年"斯文"此时似乎真要"扫地"矣。且此种批判风气蔓延至学术研究领域，学者治学也多受此情绪影响，因而失去作为学者对学术研究的客观与公正的态度。以

《周易》为例，为否定孔子与《周易》的关系，对《论语》中孔子"加我数年，五十以学《易》，可以无大过矣"一语，利用《鲁论》之"易"为"亦"字，改句读为"加我数年，五十以学，亦可以无大过矣"，证明孔子与《易》根本没有关系。为证明《周易》晚出，宣称《左传》中的占筮资料是刘歆割裂《师春》插入其中的伪作。20世纪40年代，更有人注疏《周易》经文，对《周易》经文中六十四卦前所标注的六十四卦卦象，对《易传》所云"易者，象也；象也者，像也"等有关易象的重要论述，皆全然不理。在不做任何学理论证的情况下，将由春秋战国延续至两汉魏晋的象数易学研究成果全部弃之不用，而纯以文字训诂解《易》。因为此种解释离开了"观象系辞"的宗旨，且古时字少，一字可与多字通假，因而使其训诂之解变成了一根"点石成金"的魔术棒，如解《易》之"亢龙有悔"为"沆龙有悔"，解"有孚惠心"之"孚"为俘虏等。此种论说早已不是平和客观的研究，更兼之对《周易》

经文常以己意随便改动。古人著书是为存史，今人却如此迂曲以否定之，真可谓"尽不信书则不如无书"也。这些以反传统自居的人，固然以激昂的斗志示人，但其内心，却是作为中国人面对积贫积弱现实的深深的文化自卑。也正是这种文化自卑心理，使当时顶尖级的学者不敢确认中国文化的长度和高度，弃典籍而"疑古过勇"。新文化运动对现代中国的文化转型虽然起到了积极的作用，但在约一个多甲子的时间里，传统文化还是受到很大冲击，尤其是经学研究，多被贴上负面标签，处于文化边缘。

《易传·序卦》曰："物不可以终尽剥，穷上反下，故受之以复。"万事万物在最低潮之时，往往孕育着崛起的曙光。在20世纪最后三十年，传统文化终于迎来了其否泰运转之数。20世纪70年代前后，随着"亚洲四小龙"的崛起，部分国人发现由儒家文化传统一样能开发出现代文明，实现富国强兵。因而由70年代末至80年代，中国传统文化开始复兴，学者们重新认识与评价孔子，开辟学术园地,研究传统经典,在"果行育德"中宣讲中国传统文化。当此"屯起"之时,参与其中的学者们多有"致命遂志"之信念,怀着对传统文化的自觉与自信,承担起学人们的历史使命。在"君子以经纶"的求索中,逐渐有了中国传统文化全面复兴的良好形势。到90年代,随着学术队伍的壮大、民间人士的响应,传统文化的发展成为一种潮流,从20世纪初至六七十年代,一直被不屑、被轻视、被批判的古老"国学"竟重新"流行"!其实,传统文化复兴的根本原因,还是随着改革开放而形成的经济发展与国运昌盛。中华民族在崛起中汲取了传统文化的德性营养,进而随着国力的全面提升,民族自信和文化自信亦一步步恢复,人们对"疑古过勇"者的批判愈加明确,也愈加要求优秀传统文化参与国家和民族的崛起,实现文化层面的民族自信。故近年来传统文化重新走向庙堂,并成为中国特色社会主义文化的源泉,成为中国文化自信的根基。

历经百余年的波折,现在我们对于传统文化,已经有了比较成熟的态度。一方面，传统文化决不可丢弃，而应努力弘扬。《易·贲卦·彖传》云："观乎天文，以察时变；观乎人文，以化成天下。"文化与天下相系，何其重要！而现代文明体系中的民族与国家，也都是以各自文化为根本标志，传统文化是一个国家与民族的灵魂。若我们当真"全盘西化"，抛弃传统，则何以能名为"中国人"与"中华民族"？民国初年部分人的文化自卑心态，其根本原因是出于知识分子对国家贫弱的痛心与激愤，但历史的发展已经澄清，贫弱或富强绝不能简单地与中西文化之优劣画等号。因此，我们应怀着骄傲，确立我们的民族文化自信，更加努力地传承与弘扬优秀传统文化，以助力国家的全面复兴与强大。另一方面，承继传统文化绝不意味着固守。全然守旧的老路是走不通的，对传统文化要进行深入的研究，批判剔除其中的消极内容；同时应着眼现代文明，结合当前现实，努力由"旧识"开出"新知"。《诗·大雅·文王》云："周虽旧邦，其命维新。"冯友兰先生尝引之以期许国家的前途,而此亦是我们对中国传统文化的期许。在传统文化中,《周易》兼有源头与总括的性质。《周易》是中国最古老的典籍之一,它极天地之渊蕴,究人事之终始,开中国文化之源,影响了先秦诸子与历代学术思想。《周易》又是中国文化的最高典籍,两汉时为群经之首,魏晋时为三玄之冠,宋明时为理学之基;迄于近代,亦是中国学术转型的重要根据。近代著名学者,如熊十力、马一浮等先生,俱以大易为最高旨归,而致力于开辟当代新学。《周易》还关涉中国古代的一切文化现象,正如《四库全书总目提要》所总结的:"易道广大,无所不包,旁及天文、地理、乐律、兵法、韵学、算术,以逮方外之炉火,皆可援易以为说。"更为突出的是,《周易》文化在海外有很大的影响,如莱布尼茨、荣格等西方学者胥受《易》之影响进而推崇《周易》,而韩国则径取太极八卦之象作为国旗。一言以蔽之,《周易》是中国优秀传统文化中的璀璨代表,在世界文化中占有重要地位,自古至今都有其独特的魅力与重要的影响,我们应下大力气继承与弘扬。

"周易文化讲论"丛书的策划,是受国家汉办前主任许琳的嘱托,她说:一门学问的研究,深入不容易,浅出往往更难,你们能不能用当代人的视角,以显明易懂的文字,对《周易》中当前人们关注的基本精神和核心内容,向读者做一个介绍?为此,经反复讨论,我们既着眼于《周易》文化的传承与弘扬,又针对当下之文化关切,选取了十个主题对《周易》文化进行讲解。"周易文化讲论"丛书包括了三个部分的内容:

第一,总论一讲。"《周易》与中国文化"一题中,作者系统梳理了《周易》的基本精神、核心内容与主要特质;并由《易》与儒释道的关系,确认《周易》在中国传统文化中的重要地位。另外,作者又从中国文化的总体视野入手,简明扼要地介绍了《易》与中医、气功、天文气象、风水术、音乐、兵学、音韵学、数学、炼丹术等传统文化的密切关系,展现了《周易》的文化广度。

由此总论一讲，读者可了解《周易》文化的整体样貌，更可管窥《周易》作为大道之源，对中国传统文化各领域无所不包的全面影响。

第二，跨文化领域五讲。我们选取近年来人们关心的五个主题，以不同文化领域之视角，详说易道之流行。"《周易》与养生"一题中，作者分析了《周易》阴阳、气论、感通等思想对中国养生学的重要影响；并以气功等实际功法为例，具体展现了两者之间的深刻联系。更为重要的是，作者于最后一章论《周易》与哲理养生，根据《周易》中的快乐主义、诗意生活、道德修养等，提出由生命境界的提升、由养神来养生的观点。结合现实来看，随着生活水平提高、人口老龄化加速，当前养生越来越受到国人的重视，运动、食疗等养生方法非常流行；但养生不仅是养身，更是养心、养神，人们往往不太重视生命境界的提升。故本讲所论，哲理养生是中国养生学的根本特色所在，是最重要的养生方法，实极有现实意义。"易学与中国建筑"一题中，作者由中国古代的城市兴建、宫殿建设、礼制建筑、民间建筑、宗教建筑等五种建筑类型，图文并茂地举例，探讨了其中所应用的《周易》之象、数、理等内容。书中所举之例，既包括隋代大兴城、唐代洛阳明堂等仅载于古书的建筑，又有新疆特克斯八卦城、北京故宫等仍保存完好的建筑。通过本书，读者可由《易》之视野，领略到这些建筑不同的魅力。另外，《周易》所论三才之道、天人合一等思维，在当今世界范围内均突显出其价值。故现代建筑学中，也越来越重视以《周易》为代表的传统文化理念。可以预见，《周易》与中国建筑的联系在未来将会更加密切。"《周易》与儒学"一题中，作者详细考辨了孔子读《易》、赞《易》之事；勾勒了儒学与《周易》两者之间相互影响、相辅相成、交相辉映，最后融为一体的历程；同时爬梳了孟子以降的历代儒学与易学之源流。"《周易》与中国文学"一题中，作者首先确认《周易》经传的文学性，确认《周易》本身就是一部优秀的先秦文学作品；进而从文学创作出发，梳理历代文学作品中对《周易》的广泛引用；又从文学批评出发，分析了《周易》哲学对中国文学理论的深刻影响。值得一提的是，作者在当代文学部分，用了相当篇幅介绍金庸武侠小说与《易》的关系。对金庸所用到的武功名称、招式名称、武术思想等，进行了较为细致的分析，揭示了其背后的易学理论。通过对当代流行元素的关切，极大增强了全书的可读性与趣味性。读史释《易》，向来是一个讲《易》的传统命题。"《周易》与史学"一题中，作者一方面由《易》观史，梳理《周易》经传中的历史故事与社会史资料，分析《周易》哲学对中国史学的影响；一方面由史观《易》，梳理史书中的易学资料与易学家，并举例探讨了历代史学大家的史学与易学思想。按易学与史学，自古至今联系密切：在古代突出表现为"以史治易"，古人常常用历史故事来注解《周易》，以参证《易》之思想，故有史事宗之易学；在近现代则突出表现为以《易》治史，一批学者受新史学影响，鼓吹"六经皆史料"，热衷于在《周易》经传中考察古代历史故事与社会史资料,取得了一些成绩。读者通过本书,当可大体了解史学与易学的深厚渊源。

第三,《周易》文化自身四讲。我们选取四个主题,由不同角度,详说《周易》文化自身的丰富内涵。"《周易》智慧"一题中,作者从具体卦爻出发,深入卦爻所象征的宇宙时空之具体情境,揭示个体生命在不同"时"中当效法取用的处世智慧。通过本讲,读者一方面可了解践行这些处世智慧,一方面可学习《周易》经传的解读方法。更为重要的是,作者针对人人皆身处祸福的考验与纠缠之中、关注命运而祈福避祸的现实,撰"吉凶之间求福避祸"一章,介绍《周易》预测吉凶悔吝、指导趋吉避凶的方法,介绍中国古代理性务实、不信仰鬼神的选择,介绍孔子阐发易理、观《周易》德义之道的方向。现实社会中,人们的生活节奏很快,经常身处多种选择、祸福不定的境遇之中,故而热切地希望管窥自己的命运。作者此章所介绍求福避祸、德义之道等关于命运的智慧，对读者思考命运问题、提升自我的生活质量，当有启发意义。"《周易》与人和之道"一题中，作者针对"和谐"的时代主题，由《同人》《睽》两卦，阐发《周易》所揭示的人际和谐之理想和原则；进而由具体的夫妇、父子、朋友、上下之关系入手，阐发《周易》中的和谐智慧。作者尤其详细考察了《周易》关于君民和谐的论述，深度发掘其中的民本思想，颇有新意，且对政治实践有一定的借鉴意义。"《周易》的思维方式"一题中，作者以现代文明与中西比较之视域，贯通《周易》经传，探讨《周易》中的思维方式：从内容上讲，有阴阳和谐、广业利世、应时鼎革等思维；从形式上讲，有形象、运数、直觉、逻辑、辩证等思维。通过"思维"这一当代学术的角度，展现了《周易》文化的鲜明特征和独特魅力，也展现出中国文化的特色。其中，作者探讨广业利世之思维，认为《周易》德与业并提、义与利并重，推崇"修业""广业""大业"，主张"利者，义之和""利物足以和义"。

这对于我们纠正易学史中对广业利世的轻视,全面了解易学思想有一定的价值。"易学简史"一题中,作者以古代易学发展历史为主要线索,对各时期易学的主要派别、人物、学说进行介绍,勾勒出了易学发展的基本轮廓和大致格局。此讲可为读者阅读本套丛书,提供必要的易学基础。总之,《系辞传》赞易"广矣大矣",由以上十题涉及之内容,亦可见一斑也。

鄙人认为,"周易文化讲论"丛书整体而言有以下几点特色:其一,多能本于新资料,介绍学术前沿,以匡正前人之偏失。如前文提到民国以来否定孔子与《易》之关系的疑古学说影响甚大,故"周易文化讲论"丛书在多处介绍了学界对于孔子与《易》关系问题的新结论。马王堆帛书《易传》的出土为此问题提供了极为珍贵的资料,其《要》篇载有孔子读《易》"居则在席,行则在橐"的情状,显然孔子不可能与《易》无关。在帛书《易传》中,孔子对自己的易学思想有充分的自觉,强调其真正重视的是"观其德义"的道德之途，而与史巫不同；孔子"德义"之途的思想，正与《易传》的主旨一致，故学界多确认《易传》是"孔子及其后学阐释和发挥《周易》古经而成"。这些材料与结论，可直接廓清民国以来否认孔子读《易》赞《易》的疑古风气，对于我们追溯文化脉络、挺立文化自信至关重要。其二，由现代文明之视域，尝试赋予《周易》文化以契合当下现实的解说。如丛书中反复论说《周易》中"德"之重要性，尤其由《中孚》卦、由孚信之义，可见《周易》对为人处世中"诚信"道德的重视。"周易文化讲论"丛书对传统易理的这一解释与强调，实有重要现实意义：市场经济是现代文明的重要特征，改革开放后，在商品经济浪潮中，不少人功利心太过，唯利是图，完全丢掉了诚信观念，丢掉了道德意识，甚至不惜违法。圣人云"君子忧道不忧贫"，真正的君子先存道后谋利，但在我们周围，这样的君子实在太少！我们热切希望读者中能有更多诚信守道之君子，从而扭转当下偏失的社会风气。其三，作为面向大众的文化读物，"周易文化讲论"丛书注意行文之通俗，避免艰涩深奥之辞，以适合文化的普及功用。

总之，本套"周易文化讲论"丛书兼备前沿性、时代性、通俗性等特点，我们希冀其在《周易》与中国传统文化的继承与弘扬方面，能发挥出一定价值。因为《周易》一书中包含的深奥易理和精微哲思，使其成为一部"书不尽言，言不尽意"之书，因而它凭借八卦与六十四卦卦象，"立象以尽意，设卦以尽情伪"。我们这套丛书所展示的，只是近三十余年来人们从现代文化的视角出发，贯通、探讨的《周易》经传中的人生智慧与思维方式。相信再过三十年，乃至一百年、二百年，随着我们生活内容的日益丰富与文化境界的不断提高，人们在岁月的流逝中将通过各种外显的八卦符号与内应的五行生克机理，寻求认识世界与把握世界的新方式。因而，《周易》将成为人们认识与改造世界、丰富自身文化发展的永恒研究母题与研究主题。而类似今日我们阐释

《周易》的这种丛书，今后将被一代又一代的后人不断推出，从而成为人们不断总结过去、改变现在、瞻视未来的创新动力。

本序之作，恰逢党的十九大胜利召开。十九大报告对文化非常重视，提出要"增强文化自信""文化自信是一个国家、一个民族发展中更基本、更深沉、更持久的力量"，要"推动中华优秀传统文化创造性转化、创新性发展"。我们当初设计这套丛书的想法，正响应了十九大报告的新思维，这使我们甚感欣慰，故略呈拙文如上，是以为序。

刘大钧
丁酉年小雪于运乾书斋

目　录

绪论　《周易》与儒学的关系…1

一、儒以《易》立…2

二、《易》以儒弘…11

第一章　孔子对《周易》的态度…18

一、孔子作《易传》吗…19

二、孔子喜读《周易》吗…23

三、孔子读《周易》读什么…33

四、孔子也占筮吗…37

第二章 《周易》古经对孔子的影响…44

一、忠恕之道…46

二、中庸之道…52

三、损益之道…62

四、居安思危…70

第三章 《易传》与儒学智慧…77

一、《易传》的发挥…82

（一）一阴一阳…82

（二）符示万物…87

（三）象数模型…94

二、《易传》所展示出的儒家智慧…100

（一）《周易》古经是一部什么书…101

（二）世界从哪里来…104

（三）运动变化的原因是什么…105

（四）为什么必须居安思危…107

（五）为什么要趋时尚中…109

（六）为什么要自强不息…110

（七）怎样实现天人和谐…111

（八）为什么要神道设教…114

第四章　亚圣孟子与《周易》…116

一、人性本善…121

二、浩然之气…128

三、施行仁政…132

第五章　孔孟之后的儒学与《周易》…139

一、焚书没有焚《周易》…139

二、孟喜改师法…142

三、京房之死…149

四、王弼易学…153

五、宋代的儒学和易学…155

六、明清的儒学和易学…158

七、走向世界的儒学与易学…165

绪论 《周易》与儒学的关系

儒家经典以"四书五经"最为著名,影响最为深远。"四书"就是《论语》《中庸》《大学》《孟子》,"五经"就是《周易》《尚书》《诗经》《礼记》《春秋》。本来还有一个《乐经》,但在秦始皇时期被烧掉了,剩下一点残篇,被并入《礼记》,所以只留下"五经"。《周易》是儒家"五经"之首,之所以排名第一,不只因为《周易》的成书时间最早,更因为《周易》对儒家乃至中国传统文化的影响最大。

《周易》被纳入儒学,进而充实、发展儒学,有着一个漫长的过程。这个过程自孔子开始,至

《易传》出现趋于成熟，到西汉"独尊儒术"的时候形成高潮。易学在充实发展儒学的过程中也不断自我充实，最后升华为一部无所不包的理论巨著，而这个升华主要是靠孔子弟子和再传弟子所作的《易传》完成的。因此，儒学与《周易》在发展过程中有着明显的互动互补的关系。

一、儒以《易》立

儒学思想的形成是一个漫长的过程，孔子删述"六经"是这一过程中最为重要的一个环节。而"六经"就是《诗》《书》《礼》《乐》《易》《春秋》。"六经"之所以能够成为儒家重要经典，正是因为孔子对"六经"的整理，使其引起了后人的普遍关注。《周易》原本的面目虽有众多说法，但是流传至今的《周易》文本，经过几番演变后仍然大致不离孔子整理后的样貌①。从儒学本身看,儒家引《易》立论,借《周易》完善了自己的思想体系。可以说,儒家思想不断发展、不断完善的过程,也正是儒学与易学日益紧密结合的过程。

首先,孔子儒家学说的思想是借助易学而得到充实和完善的。

儒学在先秦是显学,占据主流话语权。先秦儒家的活动主要是游说各国君主以传说中的圣明君主尧、舜为最高榜样,施行仁政,爱护子民。先秦儒家并没有做系统的理论建构,例如《论语》只是孔子及其弟子的言行记录。《礼记·儒行》篇记载,当时的儒者们十分注意自己的仪容、志趣、作风、性格、气度、事业、责任以及交友、助人等方面,很少谈纯粹的理论,对于学习也只是说

---

① 高新民:《孔子儒家学说的易学根源》,《西北民族大学学报》2004年第12期。

孔子删述"六经"图

"儒有博学而不穷"①。

儒学是为己之学，重实践轻理论，重担当而轻空谈，但这并不意味着儒家轻视理论的重要性。孔子也非常重视理论学习，因为除了在日常生活中提升道德修养之外，理论学习也是提升自身修养的必要手段。但理论是要用于道德实践的，孔子因此把儒划分为两类，一类是"君子儒"，一类是"小人儒"。君子儒能够做到学以致用，把理论用在日常生活和工作当中，从而真正提升自己的修养，这叫作学问和生命一体。而小人儒只会死记硬背，寻章摘句，充其量是一个学问家，而与自身修养和社会责任没有关系，这叫作学问和生命分离。

《论语·先进》按照德行、言语、政事、文学诸科分别列举了孔门几位优秀传人：

德行：颜渊、闵子骞、冉伯牛、仲弓；

---

① 任俊华：《论易学与儒学的关系》，《理论学刊》2000年第9期。

颜回

言语：宰我、子贡；政事：冉有、季路；文学：子游、子夏。

其中第一位是德行科的颜回。孔门七十二贤中，最被孔子欣赏者是颜回。孔子一般言语温和，无过无不及，但是对颜回的赞美却毫不吝惜，动不动就感叹说："贤哉！回也。"

在这里还要搞清楚一点，在孔子那里，"学"这个字眼并不完全等同于现如今的"学习"。孔子所说的"好学""为己之学"等等，严格来讲并非只是学习书本知识，更大程度上是指学做人。所以，孔子所开创之儒学是修身之学、实践之学，而不是哲学之学和理论之学。

如果说，哲学层面的系统化建构是先秦儒学的一个短板，那么，这一短板借助于对《周易》的理解和阐发而得以弥补。

以"礼"而言，"礼"是儒学的重要内容。孔子重礼，《论语》一书言"礼"多达七十余次。孔子言礼多指周礼（周礼是周朝的礼乐制度，相传为周公旦所制定,包括饮食、起居、祭祀、丧葬等社会生活的方方面面,是中国最早的系统化的一系列社会典章制度和行为规范)。然而礼是从哪里来的呢?礼的背后有没有哲学层面的终极根据?《论语》基本没有谈到这些,而《礼记》作为孔子后学的重要经典,借助《周易》使儒学之礼论具有了丰富的哲学内涵。

第一,《礼记》运用《周易》的宇宙生成论揭示了礼的终极根据,提出了"礼本于大一"的观点。《易传》说:

> 易有太极,是生两仪,两仪生四象,四象生八卦,八卦定吉凶,吉凶生大业。

由混沌的太极而生出阴阳,由阴阳运转而产生四时变化,因四时变化而出现天地雷风水火山泽等物象,由此而生生不息。这就是宇宙生成的奥秘。基于此,《礼记》说:

> 是故夫礼，必本于大一，分而为天地，转而为阴阳，变而为四时，列而为鬼神。

"大一"也就是"太一"，"太一"可以理解为"易"，也可理解为"太极"。根据一种比较成熟的说法，"太一"就是天地未分之前的混沌之元气。总之，"太一"是礼之本，太一生天地，天地生阴阳，阴阳生四时，天地、阴阳、四时变化是礼产生的自然根据。这样就给"礼"赋予了某种抽象根据，从而使得礼的存在具有无可置疑的合理性。

第二，《礼记》运用《周易》的宇宙图示揭示了礼的产生，提出了"礼生于分别"的历史哲学命题，《易传》说：

> 天尊地卑，乾坤定矣。卑高以陈，贵贱位矣。

意思是天在上，地在下，自然而然有尊卑高下的分别，人类社会的规范效法天和地，自然而然就有等级贵贱的分别。

第三，《礼记》运用《周易》的人类起源论阐发礼的形成。《易传》说：

> 天地氤氲，万物化醇，男女构精，万物化生。

《礼记》由此提出了"礼始于男女"的论断。正由于《礼记》借助《周易》对儒学礼论的充实和完善，从而使儒学礼论成为中华文明的重要标志。

另外，孔子儒家学说的影响一定程度上是通过孔子后学阐扬易学而实现的。从今本《易传》来看，孔子及其后学对《周易》卦爻辞之阐解和注释多达十九卦二十五条爻辞。《彖传》《象传》等的作者继承孔子治《易》之未尽之事，从《周易》卦象中推阐《周易》之义理，发扬了孔子尚《易》而不占的易学精神和治《易》理路，将《易》由卜筮向义理方向推进了一大步。著名的

《大学》和《中庸》历来被学术界公认是曾子与子思的作品,而《大学》《中庸》之文则以《周易》的基本精神阐发了孔子开创的儒家学说,在中国思想文化史上产生了极其深远的影响①。

二、《易》以儒弘

《周易》古经只有六十四卦的卦象以及各卦的卦名、卦辞和爻辞,文字加起来不超过五千字,后来却被誉为"集天地之渊蕴,尽人事之终始",成为"广大悉备,无所不包"的学问。这一结果离不开儒家的注释、解读和传承。儒学一方面借助易学完善自己的理论,另一方面也极大地扩展了"易"的内涵,使易学呈现出更加丰富和深刻的面貌。

---

① 高新民:《试论孔子儒家学说的易学根源》,《西北民族大学学报》(哲社版)2004年第12期。

《周易》古经原本是用于占测吉凶的，"易"这个概念也比较复杂。根据史料，"易"是一种官职的名称，但是与其说是一种官职，倒不如说是一种人为设立的"偶像"。因为作为"易"的人拥有无上权威，甚至可以和天子分庭抗礼。

　　历史记载，在天子朝堂上，"易"抱着龟向南坐着，天子向北坐着。在处理国家事务的时候，天子即便有自己的想法，也必须最后由"易"通过龟卜（据说比《周易》的占测方式更古老，通过烧龟甲之后呈现的裂纹来预测吉凶祸福，具体方法已经失传）来决定。"易"的权威是如此之大，类似于氏族社会中"大祭司"的角色，是沟通神和人的媒介。

　　"易"这一角色后来演变为"太卜"。太卜在周朝属于史官，其最重要的一个职责就是在遇到一些重大问题时，通过占卜来预测吉凶，为天子的决断指明方向。历史记载"太卜掌三《易》之法"，就是三种通过《易》来占卜的方法，这"三《易》之法"就是《连山》《归藏》和《周易》。

安阳殷墟花园庄东地出土的卜甲

儒家对《易》的解读与发挥也经过了一个漫长演变的过程，这个过程简而言之是《易》由纯粹卜筮之书成为哲理之书和德性之书的过程。

例如《左传·襄公九年》记载穆姜所占的一卦。穆姜是鲁襄公的祖母，在鲁国的权力斗争中失势，被囚入东宫。在囚禁入东宫的当天，穆姜找史官算了一卦，得到的卦象是"遇《艮》之八"。到底《艮》之八具体是何卦象，因为当时史官的占测方法已经失传，所以我们无从得知，这个问题也并非此处重点。重点在于史官和穆姜俩人对于同样一卦有两种不同解释。

史官的解读是，《艮》之八是一个《随》卦，

《随》就是跟随之意,"随其出也,君必速出",意思是国君很快就会放穆姜出来。然而穆姜很有自知之明,《随》卦卦辞"元亨利贞,无咎",表面看来是很好的前景,但是"元亨利贞"是四种美德,"随"的意思应该是密切跟随这四种美德,这样的人才可以无灾祸。而自己妇人乱政,不靖国家,自作自受,"元亨利贞"统统做不到,怎么可能没有灾祸?一定会死于东宫。后来果如穆姜所言。

这里我们并不深究先秦时代《易》卦占卜的具体方法,引起我们注意的是穆姜在占测的时候,已经跳出了单纯卦象的解析,进入到了普遍义理层面。具体而言就是,"元亨利贞"成了总括仁义礼智信诸德的统称,具有了普遍指导意义。而后来出现的《文言传》在解读《乾》卦卦辞"元亨利贞"的时候,就采用了非常类似的表述:

> 元者,善之长也;亨者,嘉之会也;利者,义之和也;贞者,事之干也。君子体仁

足以长人，嘉会足以合礼，利物足以和义，贞固足以干事。

所以我们看到，易学由对具体卦爻辞的解读演变为具有普遍生命规律和处世之道的哲学，出现了质的飞跃。

《周易》古经初步构造了一个以占卜和六十四卦符号系统把握宇宙、社会、生命的独特方法，《周易大传》，即《易传》或《十翼》，把这种独特的符号系统置于全新的学术视野中，对之做出了高度原创性、系统性和富于哲思的诠释。后人对《周易》古经的认识，大致依循着《易传》的诠释。《易传》不仅把很多卦爻辞做出高度理论化解析，也从整体上把《周易》古经解读为一个具有高度抽象性和系统性的理论构成。

例如，阴阳概念首次成为《周易》的基本观念。《易传》的阴阳范畴内涵极为丰富，阴阳可以指称阴阳二气，也可以指阴性和阳性两大类事物，还可以指宇宙人生中两大相反势力。

再如，在《易传》中八卦和六十四卦成了万事万象的符号化表征。八经卦不仅代表八种大自然中最基本的物象——天、地、雷、风、水、火、山、泽，还代表八种最基本的品格或属性，分别是刚健、柔顺、变动、进入、危险、附丽、静止、喜悦。

《易传》还建立了非常完整和系统的解读卦爻象的方法体系，如爻位阴阳说、中位说、当位失位说、乘承比应说、本末往来说等等。

经过《易传》的解读，《周易》的影响更加广泛。《庄子》第一次提到"六经"，后来《史记》第一次提到"六艺"，都把《易》排在倒数第二。到了汉代，《汉书·艺文志》列儒五十三家，而以《易》十三家为首。《汉书》不仅以《周易》为"六经"之首，而且确认《周易》是诸经之原，认为《周易》探究的是宇宙之起源、人伦之根本。至清乾隆年间修《四库全书》，分经、史、子、集四部。其中经部分为十类，列《易》为第一，共计484种，3100多卷。《周易》

地位的不断攀升最后达到巅峰，离不开孔子及其后学所作《易传》的高度原创解读以及后来的儒者对《周易》的研究与发挥。

所以，儒学思想影响的深入离不开《周易》的广泛传播，而儒术之独尊又反过来促进易学得到更加深入的普及和发展。儒学与《周易》的历史正是这样一段相辅相成、交相辉映，最后融为一体的过程。

第一章 孔子对《周易》的态度

孔子是中国历史上第一位私人收徒讲学并创立学派的人。他创立的儒家学派，不但在各个学派中历史最为悠久，而且对中国传统文化的影响也最大。关于孔子和《周易》的关系，历来有很多疑问。对这些疑问的追索可以带领我们冲破历史的迷雾，认清孔子和《周易》之间的密切关系。

一、孔子作《易传》吗

自汉代以来,学者将《周易》列为群经之首。司马迁、班固等人认为,《周易》中的《易传》就是成于儒家学派的创始人孔子之手。他们把《周易》成书的过程说成"人更三圣,世历三古"(《汉书·艺文志》)。"三圣",就是伏羲、文王和孔子。伏羲画八卦,文王推演六十四卦并作卦爻辞,孔子作《易传》。这种观点,自汉以来,历经魏、晋、隋,一向为学者所共认。

到了北宋,欧阳修开始对孔子作《易传》提出疑问。他认为,在《易传》中,除《彖》《象》以外,自《系辞》以下部分,不可能是成于圣人孔子之手,也不是一人所作。其中的"子曰"字样,只是听讲的人记录他们讲师说的话,与《论语》中的"子曰"专指孔子不同。当时欧阳修提出这一疑问,表现出了他的见地和胆识。

中国古代典籍浩繁,一方面给文化的传播提供了有利的条件,另一方面,也使其中的某些典籍真伪难辨。战国时孟子已有"尽信书则不如无书"之叹,后来又经历秦火,大部分古籍散佚。

自汉王朝开始,历代鼓励民间献书,许多古籍失而复得。但在所谓献书过程中,也有假托古人之名而鱼目混珠者,这就是后来的伪书。虽然不能说伪书本身全无价值,但如何确定其真实的作者和时代,毕竟是个大问题。

《周易》虽因系卜筮之书而未遭秦火,但从西周至汉代流传近千年,要具体确定其各个部分的真实作者确非易事。到了汉代,独尊儒术,《周易》又是儒家群经之首,因而司马迁、班固关于孔子作《易传》的说法就无人敢于怀疑了。

自欧阳修提出疑问后,在《周易》的作者和成书年代问题上打开了一个缺口,后世怀疑的人逐渐增多。"五四"运动以后,疑古之风兴起,有的学者甚至把《周易》古经的成书年代拉到春秋时期，把《易传》的成书年代拉到秦汉之际，甚至汉昭帝、宣帝之后，并且不承认《论语》中关于孔子论《易》的记载，完全否定了孔子与《周易》的关系。这样当然也就谈不上《周易》是儒家思想的源头了。

关于孔子与《周易》的关系问题，当前学术界仍在争论。而我们的基本观点是《周易》古经成书于西周初年，孔子晚年很重视对《周易》古经的研究，他最早把这一卜筮之书看作是人文科学的史料，从哲学、政治、伦理等方面加以阐释和发挥，并把自己研究《周易》古经的心得传授给弟子。后来的《易传》虽非孔子亲手写定，但正是他的后学在继承其易学思想的基础上，继续进行诠释和发挥，并吸取了其他学派的某些观点编纂而成的。

我们认为，《论语》中关于孔子论《易》的记载是无法轻易否定的，司马迁、班固等人对孔子和《周易》关系的记述，虽不能完全加以肯定，但也不应全部予以否定，应看作是最早记述孔子及其后学与《周易》关系的重要参考史料。

从以上观点出发，我们认为《周易》和儒家的关系，概括地说应当是《周易》古经是孔子创立儒家学派的主要思想源头之一，在思维方法以及天道观、伦理观和政治管理决策方面都受其影响。但孔子接受《周易》古经的思想不是被动的，而是主动的，是经过自己的诠释和发挥，把《周易》古经这部卜筮之书转化为哲学政治伦理的著作。孔子的后学在他的易学思想影响下编纂成《易传》，在诠释和发挥《周易》古经的思想时，尽量回避和淡化（不是摒弃）其中的巫术迷信成分，而着重开发其中的人文智慧。历史上把《周易》古经这部卜筮之书变为哲学著作，应当归功于孔子。

同时，孔子及其后学阐释和发挥《周易》古经的思想而成的《易传》，开发了《周易》古经中的某些智慧，因而成了先秦儒家学派传播其思维方法、阐发其思辨哲学的主要文献。如果没有《易传》留传于后世，儒家哲学的思辨功能就越发显得薄弱了。后世儒家（如宋明时期）当遇到佛、道哲学的威胁而出现危机时总是从《周易》特别是《易传》中寻找御敌自卫的理论武器，原因就在这里。

二、孔子喜读《周易》吗

一个学派的形成，除了适应当时的社会经济政治状况之外，还需要从他们的先驱人物那里吸取某些思想资料。因为作为意识形态的文化现象，也和社会的物质生产一样，是不能和过去的历史一刀两断的，也是有其历史继承性的。

孔子当时建立儒家学派，就注意继承了中国自夏、商、周以来，特别是西周以来的传统文化。特别强调"吾从周"（《论语·八佾》），就是"我要继承周代文化"的意思。

在继承古代文献史料方面，司马迁说：

孔子以《诗》《书》《礼》《乐》教，弟子盖三千焉，身通六艺者七十有二人。(《史记·孔子世家》)

孔子也曾说：

不学《诗》无以言，不学《礼》无以立。

意为：如果不学习《诗经》就不会言辞，如果不学习《周礼》就无从立身处世。

可见西周以来留传下来的《诗》《书》《礼》《乐》等文献是孔子教授弟子的主要教材，但这里却偏偏没有提到《周易》古经，似乎孔子当时还没有把《周易》古经作为教授学生的必读教材。不过，没有把《易》公开列为教授弟子的必读教材，并不能因此而得出结论说，孔子当时不重视《易》，也不能说孔子当年创立儒家学派时没有从

《周易》古经中吸取思想资料。司马迁曾说：

> 孔子晚而喜《易》，序《彖》《系》《象》《说卦》《文言》，读《易》，韦编三绝。（《史记》）

古时书籍写在竹简或木简上，然后用牛皮绳串编在一起。编书的牛皮绳就是韦编。这里意思就是，孔子晚年非常喜欢读《周易》古经，并且为《周易》古经写了一些解读文章，有《彖》《系》《象》《说卦》《文言》等。孔子常常翻看《周易》古经的竹简，以至于韦编多次被磨断。"韦编三绝"后来成为中国的一句成语，表示读书极为用功。

孔子是不是序过《彖》《象》《文言》《系辞》等篇，还需要进一步研究，但说他晚年喜欢读《易》，据《论语》等书的记载来看，还是有根据的。这里说他"晚年"喜《易》，并不能以此证明他青壮年时代就没有研究过《易》，甚至于

上海博物馆藏　竹简《周易》

说他没有接触过《易》。也不能因此说《论语》中关于孔子论《易》的话都是他晚年讲的。因为《周易》古经作为卜筮之书，在春秋时期已经广为流传，我们从《左传》《国语》中记载的大量有关运用《周易》古经进行占筮的卦例就可以看出。

孔子作为一位学识渊博、文献知识极为丰富的学派领袖，不可能直到晚年才接触《周易》。他所以到晚年才特别喜《易》，这和他对《周易》古经这部书的内容的理解有关。之所以没有把《周易》和《诗》《书》《礼》《乐》等古代文献一起作为教授弟子的必读教材，可能和《周易》这部文献资料的性质及特点有关。因为《周易》在当时主要还是一部卜筮之书，是作为沟通人神、预测吉凶的工具，而孔子对鬼神的信仰并不虔诚。但是，他却很重视《周易》古经一书中的哲理，这在当时来说，在《周易》研究中是有开风气之先的作用的。

《论语》中曾经记载孔子的话说：

> 加我数年,五十以学《易》,可以无大过矣。(《论语·述而》)

这段话不但证明孔子学过《易》,而且明确表达了孔子对待《周易》的态度。

孔子认为,学《易》可以使人少犯错误和不犯大的错误。也就是说,他已经不是把《周易》看作卜筮之书,而看作是"寡过"之书。他认为易理可以指导人们的行动,而不是靠神的启示。孔子读《易》,重在揭示《周易》的文化内涵和深刻哲理,而并不特别宣扬《周易》的预测方法,也不特别推崇《周易》的占筮功能。用现在的话来讲,孔子学《易》的目的是试图解决人的知行关系即认识论的问题。显然,孔子这种对待《周易》的态度在当时是高人一筹的。

不过,后世有的学者对《论语》中的这段记载有不同的理解,他们依据唐代陆德明《经典释文》中的一句话,认为孔子这段话的原文应当是:

> 加我数年,五十以学,亦可以无大过矣。

这样一来,孔子的话也就与《易》无关,从而否定了孔子与《周易》的关系。不过,当今多数学者不同意这样的解释,认为以此否定今本《论语》中有关孔子学《易》的记载是缺乏根据的。总之,应该说司马迁关于孔子"晚而喜《易》"的说法还是有根据的。

关于这一点,还可以从马王堆出土的帛书《周易》中找到一个有力的旁证。在帛书《系辞》卷后的佚书中,有一篇叫《要》的佚书,其中就有孔子晚年喜《易》的记载:

> 夫子老而好《易》,居则在席,行则在囊。

孔子对《易》的喜好,简直喜到爱不释手了。《论语》中还有一段记载,也同样可以反映出孔子对待《周易》的态度,这段记载如下:

子曰:"南人有言曰:'人而无恒,不可以作巫医。'善夫!"

不恒其德,或承之羞。子曰:不占而已矣。(《论语·子路》)

在这里,孔子把当时民间流传的富有哲理的格言成语,与《周易》古经中的卦爻辞相比照,以寻求他们当中的相通之处。这里的意思是说,"人而无恒,不可以作巫医"和《易·恒》卦九三爻辞"不恒其德,或承之羞",表达了同样的道理,都是教人做事要持之以恒。孔子在这里,正是把《周易》中的许多卦爻辞当作富有哲理的格言成语来看待的。事实上也确是如此。

我们知道,富有哲理的格言正是人们处事接物的经验总结,不是什么神的启示,这正说明孔子不是把《周易》仅看作卜筮之书,而是也将之看作哲学著作。所以他又明白地提出,只要人们能够掌握其中的哲理,并付诸行动,也就用不着再以这条爻辞去占断吉凶了（"不占而已矣"）。

看来，孔子到了晚年才特别喜读《易》是有道理的，因为个人在大半生的处事接物过程中，必然要经历无数次的成败得失，然后再回过头来进行反思，才会悟出许多年轻时不易理解的哲理。特别像孔子这样绝顶聪明而又一生栖栖惶惶到处碰壁的人，晚年再回头来研究《周易》，将会对其中保留下来的许多富有哲理的格言产生共鸣，被《周易》作者深邃的智慧所倾倒，以至于读《易》"韦编三绝"，几乎到了如痴如醉的地步，这是完全可以理解的。

马王堆帛书《周易》

三、孔子读《周易》读什么

孔子学《易》,强调把握其中蕴含的宇宙人生的普遍规律,这是他学《易》取得的最大成果。上文说过,从春秋时起已经有人不把《周易》看成单纯卜筮之书了,特别到了春秋末年,更是如此。例如与孔子同时的晋国的太史(王室掌管历史记录的官员)蔡墨(又称史墨)说:

> 社稷无常奉,君臣无常位,自古以然。故《诗》曰:"高岸为谷,深谷为陵,三后之姓,于今为庶。"

他在引证了以上《诗经》的著名诗句后,接着又说:

在《易》卦,雷乘《乾》曰《大壮》,天之道也。(《左传·昭公三十二年》)

《大壮》(☷)的卦象为《乾》☰下《震》☳上,《乾》为天,又象征君,《震》为雷,又象征臣。按古人对自然现象变化的理解,冬天时雷潜伏于地下,故冬天无雷声。但随着气温的变化,雷会由地下升腾于天上,使雷声震天轰响。而《大壮》的卦象,正是象征着在一定条件下雷可以凌驾于天之上,正像地壳通过自身的变化,在一定条件下可以使高山变为深谷,使深谷变为高山一样。以上这些变化是符合自然规律(天道)的。

按照史墨的观点,人道(社会变化的规律)又是和天道相符的。因而在一定条件下,人臣也可以凌驾于人君之上,甚至取人君之位而代之。

看来,在政治观点上,史墨比孔子还要激进一些。而在对待《周易》的态度上,二人同样都不是把《周易》看作单纯卜筮之书,都注意到开发其中的哲理和智慧,都是当时试图把《周易》

从卜筮之书变为哲学著作的关键性人物。而孔子超过史墨的地方正在于他已提出"不占而已矣",就是"不占卜"的意思。这句话在我们现在的人看来并没有什么了不起,但在鬼神迷信尚居统治地位的古代,《周易》在当时又普遍被认为是卜筮之书的情况下,孔子能公然提出"不占而已矣"的观点,这在对待《周易》的态度和研究方法上,应该说有划时代的意义。

关于孔子研究《周易》不是为了占筮而是为了发掘其中的哲理和智慧这一问题,除了以上《论语》中的那段记载之外,在马王堆汉墓出土的《周易》佚文中有更加明确的记载。如在上面引证过的《要》这篇佚文中,就多处反映了孔子对《周易》的看法。

孔子时时刻刻将《周易》带在身边,形影不离,视为至宝。但是,他自己既不相信卜筮,又不把《周易》作为教授弟子的教材,于是令子贡产生了疑问。

孔子曾回答子贡说,他之所以喜欢《周易》,是因为其中"有古之遗言焉,予非安其用,而乐其辞"。

所谓"古之遗言",就是保留在《周易》古经卦爻辞中的富有哲理的古代格言。

所谓"非安其用,而乐其辞",就是说孔子研究《周易》,不是为了占断吉凶,而是喜欢卦爻中的哲理。

子贡又追问道:

> 夫子亦信其筮乎?

孔子一再表明其态度说:

> 吾观其德义耳。吾与史巫同途而殊归。

专司卜筮的史巫很重视《周易》,孔子也很重视《周易》,这是"同途"。但史巫重视《周易》的目的是为了卜筮,而孔子重视《周易》的目的是"观其德义耳",这是"殊归"。可以看出,孔子喜《易》的目的是很明确的。

四、孔子也占筮吗

当然,说孔子注意开发《周易》中的哲理和智慧并主张"不占而已",这并非说他完全反对把《周易》用之于占筮。据一些史料记载,孔子本人也进行过占筮。如在《吕氏春秋》《说苑》和《论衡》中,都有孔子运用《周易》进行占筮的记载。

孔子这样做和他对待鬼神的态度有关。孔子对鬼神是"敬而远之",并不是完全摒弃对鬼神的信仰。后来《易传》中提出的"君子以神道设教而天下服",正反映了孔子对待鬼神的观点和态度。

在这里,儒家与后来的墨家和道家都不同。墨家主张"尊天事鬼",认为"天志"最后决定一切人事。道家则公然摒弃鬼神的人格属性和对人事的支配作用，认为"以道莅天下，其鬼不神"。而儒家介乎二者之间，既不强调鬼神的人格属性和对人事的支配作用，而又主张以神道设教，即把祭祀鬼神，特别是把祭祀祖先的灵魂作为教化百姓的礼仪和使"民德归厚"的手段。

荀子是坚决批判鬼神迷信的，但他也不得不承认"神道设教"。荀子一方面认为"善为《易》者不占"，继承了孔子"不占而已矣"的观点；但另一方面又主张，如果统治者把卜筮作为一种"神道设教"的礼仪，就能收到神道治民的功效，这就是"吉"。如果像百姓那样，真的相信卜筮是神的启示，什么事情都虔诚机械地按照卜筮的结果去做，结果只有失败，这就是"凶"。

孔子和荀子等儒家学派的代表，实际上是利用《周易》作为卜筮之书这种传统的功能，而将卜筮的结果结合具体的行事用哲理加以解释，以求符合儒家学派的观点。

正因为这样，所以孔子在运用《周易》进行

卜筮时，他对卦象及卦爻辞的占断和解释往往与一般人的不同。

据《吕氏春秋》记载：孔子有一次占筮，得《贲》卦。孔子认为不吉。学生子贡认为，《贲》应该是好卦，为何说不吉呢？孔子说："白就是白，黑就是黑，《贲》五色相杂，又有什么好的？"

《贲》卦，在《周易》的六十四卦次序中排第二十二。"贲"就是五色相杂，有色彩斑斓的意思，一般人都认为是"吉"卦，因为卜辞是"亨，小利有攸往"。但孔子却偏认为"不吉"。他解释的依据是，由于颜色混杂，白黑不能分明。意思是说，就像一个人待人接物、发表意见，态度含混不明朗，这是不可取的，因而不能算吉卦。

显然，孔子是按照自己的观点从哲理方面来解释卦义的。孔子虽然并不完全摒弃卜筮，但与史巫们单纯运用卜筮以预测人们行为的吉凶是不同的。这正反映了当时孔子解《易》的新观点和新方法。

《周易》作为筮占的工具,其具体操作又分为"筮"和"占"两个阶段。

筮,就是运用蓍草(后世以他物代之)依照筮法进行排比得到某卦某爻。然后再由受过专门占筮训练的人,根据前面求得的卦象和卦爻辞,并结合所要筮问事项的具体情况,以预测其发展前途,并确定其当做或不当做,即前途是吉还是凶。这就是"占",即占断。

对筮来说,筮法是确定的,筮得的卦象和卦爻辞也是确定的。而对占来说,即对卦象和卦爻辞进行解释就不同了。

占断虽然也要依据一定的规则,但因联系范围比较广泛,而且还要根据所要筮问的具体内容灵活地进行分析判断,因而不同的人往往会对某相同的卦象和卦爻辞做出不同的占断,甚至吉凶截然相反。《左传》《国语》保存下来的筮例中,大多数都有这种情况。

到了春秋末年,随着文化进一步由上层社会向普通民众下移,凡是掌握有一定文化知识的人,如孔子及其弟子们也有机会运用《周易》参与预测国家大事的占断活动。这就给《周易》诠释的泛化和广为流布创造了条件，并进一步扩大了《周易》对当时学术文化的影响。据东汉时王充所著《论衡·卜筮篇》记载：

> 鲁将伐越，筮之，得"鼎折足"。子贡占之，以为凶。何则？鼎而折足，行用足，故谓之凶。孔子占之，以为吉。曰："越人水居行用舟，不用足，故谓之吉。"鲁伐越，果克之。

"鼎折足"，出自《鼎》卦九四爻辞。该条爻辞全文为：

> 鼎折足，覆公𫗦，其形渥，凶。

意谓煮肉用的鼎脚被折断了，肉汤被打翻，鼎身被弄得一塌糊涂，象征着前途充满险象。子贡据此占断的结论是打仗行军要用脚，现在鼎脚被折断了，预示讨伐越国之战将会不利。

子贡的占断应该说是符合爻辞的原意的，但孔子占断的结论，却恰恰相反，认为是一个吉卦。

孔子不是机械地按照爻辞的字面含义来解释，而是联系占问事项的具体内容来进行解释的，因为和越国打仗不是用陆军而是靠水师取胜。水师行军要靠舟船，不是靠车马，不需要用脚，因而"鼎折足"正象征吉，而不是凶，结果鲁国取胜。事实证明，孔子的占断是正确的。

以上两条关于孔子运用《周易》进行占断的筮例，虽然史料较晚出，但与孔子对待《周易》的态度还是符合的。它们正说明了孔子虽然并未完全摒弃占术，但他对《周易》卦象和卦爻辞的理解，主要是从哲理方面着眼，而不是机械地从占术着眼。这和他把《周易》看作是"寡过"之书，在本质上并没有矛盾。

孔子从《周易》古经中吸取的智慧和哲理，正是他创立儒家学派的思想源头之一。同时也为

青铜三足鼎

他的后学创作《十翼》、解读《周易》古经提供了理论资源。

第二章 《周易》古经对孔子的影响

孔子儒家学说源于哪里？历来众说纷纭，大多以"祖述尧舜，宪章文武"来回答这一问题。尧舜时代过于久远，在孔子时代已经没有什么资料可寻了。孔子直接继承的就是周文化。

孔子尊周，认为周文化是在夏殷两代基础上发展起来的，是处于较高发展阶段的文化，所以他终身以恢复周文化为己任。他收徒讲学，创立儒家学派，目的就是要在当时中国的东方把西周时的文化重新建立起来，他曾说：

如有用我者，吾其为东周乎。(《论语·阳货》)

一语道破了这一目的。

孔子不但接触过《周易》古经，而且还下功夫对之进行了研究，并对其中蕴含的智慧加以肯定。他在创立儒家学派的过程中，同样也受到过《周易》古经的影响，并从中吸取过思想养料。

《周易》古经是一部奇特的文献，作为周文化的载体，它与《诗》《书》《礼》《乐》等典籍不同。它既是卜筮之书，而其中又蕴含着有关自然、人文等各方面的智慧。由于孔子不迷信鬼神，所以他不便于把《周易》古经这部卜筮之书作为教授弟子的教材。但如何透过卜筮的外衣去把握其中的智慧，在当时来说还是一个新问题。因而，孔子对之采取了比较慎重的态度。

孔子虽然已经认识到，《周易》古经中所包含的思维方法和丰富的知识可以指导人们的行为，并使人少犯错误。但是，《周易》古经所体现的智慧又是迂回曲折的，不像其他典籍那样容易把握，需要花时间去很好地钻研，所以他才有"加我数年"（希望能有更多时间学习《周易》）的感叹。

由于以上原因，虽然孔子生前直接引用《周易》古经一书的资料并不多，但我们把《论语》等书所记孔子的思想言行和《周易》古经加以对照，仍不难发现，两者相互契合的地方还是不少的。归纳起来主要表现在以下几个方面。

一、忠恕之道

孔子说：

> 吾道一以贯之，忠恕而已矣。

也就是说，"忠恕"两字，可以概括孔子学说的思想实质。

何谓"忠恕"？

"忠"就是"己欲立而立人，己欲达而达人"。就是说自己想要达成什么，也希望别人达成。

"恕"就是"己所不欲，勿施于人"。意思是自己不喜欢某事，也不要强求别人喜欢。

"忠"是从肯定的角度讲，"恕"是从否定的角度来讲，说的是一个意思，也就是"人同此心，心同此理"。待人处事应该真正做到设身处地。"一以贯之"的"忠恕之道"与《周易》有着密切的渊源关系。

"忠恕"之道就是"诚信""爱人"之道，孔子的忠恕之道是告诉我们如何对人对己做到"仁者"爱人。而"仁者"爱人，首先要做到"忠信"，忠信实质上也就是讲"诚信"。

《周易》当中一个非常重要的思想就是倡导"诚信"。《周易》中专有一卦就是讲诚信的，这一卦叫作《中孚》。

什么叫"中孚"？诚信发于内心就谓之中孚。

《中孚》卦（☲）上面有一个《巽》卦（☴），下面有一个《兑》卦（☱），通观《中孚》六爻，上面两爻和下面两爻都是阳爻，是刚性的，是实的，中间两爻是阴爻，是柔性的，是虚的。中虚象征着内心谦逊，谦逊则无私，无私则有信，有信则吉祥。所以《中孚》卦的卦爻辞很吉利。比如《中孚》九五爻辞说：

有孚挛如，无咎。

《程氏易传》解释说：

五居君位，人君之道，当以至诚感通天下，使天下之心信之，固结如拘挛然，则为"无咎"也。（《周易折中》卷第八）

由此可见，对诚信的重视和强调，《周易》与后世儒家学者是一脉相承的。

在《周易》看来，无论祭祀之礼还是做人之

道，内心的"诚敬"最为重要。"诚"即坦荡无私、毫无保留地敞开内心，也就是不自欺。"敬"即恭敬端庄肃穆，对世间万事万物怀有尊重和敬畏之心。

《周易》古经已经达到了这样的理论高度，也就是认为内心的诚敬比形式的华丽更重要。《周易》之《观》卦卦辞说：

观，盥而不荐，有孚颙若。

古代郊祭大致有三个步骤：盥、灌、荐。"盥"，是在祭祀之前要净手；灌，是将酒浇在茅草上，请神享用；荐，是进献生熟祭品。盥是祭祀的准备阶段，荐则是祭祀的完成阶段。

古代祭祀在"盥"之前大概有斋戒沐浴等仪式，盥之后要酌酒灌地迎请神灵，然后就是进献祭品以及各种行礼。"盥而不荐"，是在祭祀中只强调"盥"这个阶段，因为它是祭祀中最重要的过程。

这一阶段的目的是令主祭者身体洁净、内心诚敬，只有这样才可以感通神明，这叫作至诚通神。而我们看到在《论语》里面，孔子的说法与《周易》古经几乎完全一致，他说：

> 祭如在，祭神如神在。(《论语·八佾》)

孔子强调，祭祀时最重要的是虔诚的心意。他还说：

> 禘自既灌而往者，吾不欲观之矣。

禘，是古天子祭祀祖先的隆重典礼，这句话意思是，禘礼进行到灌这个环节，我就不想往下看了。

孔子认为，盥和灌都很庄严肃穆，最可体现诚敬的心意。如果诚敬之心具备了，后面的"荐"也可不必细看，如果一开始就没有诚敬之心，那么"荐"的礼仪就更加不必看了。

当时鲁国礼崩乐坏，孔子感慨当政者内心并

无诚敬之心，上不畏天，下不爱人，必然体现在祭祀的时候，并不整齐严肃，因此孔子发出不欲观之的感叹。可见，在这一点上孔子的思想与《周易》古经是完全相通的。

净手用的青铜盥

二、中庸之道

孔子与《周易》古经思想相契合最明显之处，也是《周易》古经对孔子创立儒家学派影响最大的方面，就是孔子一再强调的"中庸之道"，即"中道"或"中行"。

中道思想，对孔子和儒家来说不但体现为观察和处理问题的思维方法，而且还将之贯穿于政治态度和待人接物的道德修养中。《论语·尧曰》一篇中记载了尧、舜、禹禅位时的一段箴言：

> 天之历数在尔躬，允执其中。四海困穷，天禄永终。

这里"允执其中"的"中"，就是"中道"。如果离开中道，统治地位就难以保持。特别把这段话

记在《论语》中,说明孔子和早期儒家学者把在政治上恪守中道作为重要信条之一。孔子自己也说过:

> 中庸之为德也,其至矣乎!民鲜久矣。(《论语·雍也》)

这里孔子又把中庸视为伦理道德的最高原则。他又说:

> 不得中行而与之,必也狂狷乎,狂者进取,狷者有所不为也。(《论语·子路》)

这是孔子有关人才学的名言。意思是说,真正合乎中道的人才是很难得的,不得已,只好取才于狂和狷者。狂者的特点是有进取精神,狷者的特点是洁身自好,不做坏事。二者均有较好的素质,经过培养教育,易于成为符合中道的人才。

他平时在教育和评论弟子时经常体现出他的

中道思想,《论语》中记载了一些非常生动并具有哲理的故事和对话:

> 子路问孔子:"听到就做吗?"孔子说:"有父兄在,怎么能听到就做?"冉有问:"听到就做吗?"孔子说:"听到就做。"公西华很疑惑,就请教孔子:"子路问您'听到就做吗?',您说'有父兄在';冉有也问同样的问题,您却说'听到就做'。我很疑惑,请问这是为什么?"孔子回答说:"冉有总是遇事退缩,所以要鼓励他;子路遇事胆大而轻率,所以要约束他。"
>
> 还有一次子贡问孔子:"子张与子夏谁能干些?"孔子说:"子张做事总是过头,子夏总是差点火候。"子贡就问:"那么是子张强些喽?"孔子说:"过犹不及。"

孔子的意思是适度最好,不能过火,也不能不及,应该采取中庸的态度。孔子关于"退则进之"和"兼人则退之"以及"过犹不及"的思想，正是他的因材施教的著名教育方法的理论依据。这种教育方法的最终目的，就是要把人培养成符合中道的人才。

孔子所处的春秋末年，许多人总认为，一个人能做到朴实无华，总比华而不实好，而孔子认为，这两者皆不合乎中道。他说：

> 质胜文则野，文胜质则史，文质彬彬，然后君子。(《论语·雍也》)

这种既要求质，也要求文，二者兼取的"文质彬彬"思想，也就是"过犹不及"的中道思想。

《论语·颜渊》记载了这样一个故事：

> 有一次孔子的弟子子贡与卫国大夫棘成子辩论，棘成子认为："君子只要有好的内在实质就行了，还要外表的文采做什么呢？"子

> 贡反驳说:"内在的实质就如同是外表的文采,外表的文采就如同是内在的实质。去掉斑纹的虎豹的皮,就如同是去掉毛的狗羊的皮,两者并无二致。"

子贡的意思是说,文和质应是同等重要的。如果只要质,不要文,那就好像虎豹之皮和犬羊之皮就难区别了,因为二者主要是靠毛色的纹彩来区别的。这正是对孔子"文质彬彬"中道思想的具体阐发。

孔子及早期儒家强调的中道思想,正可以从《周易》古经中找到源头。当《周易》古经通过卜筮对人的行为预测吉凶时,突出了"中"的思想。认为人的行为如能符合中道,就能做到吉多凶少。

在六十四卦中,每一卦的二爻和五爻均处于特殊的地位,就是因为每一个卦都是六个爻位,所以二爻处下卦的中间,而五爻处上卦之中间。据专家统计,在《周易》中,二、五爻吉辞最多,占47.06%,差不多占到了总数的一半;其凶辞最少,仅占13.94%。

三爻凶辞最多,上爻次之,合计占62.3%;三爻吉辞最少,仅占6.5%;初、四爻凶中求吉类最多,占44.54%。有些爻辞,按理为凶,但因居二、五之位,也能获吉。

另外,在有的卦爻辞中,还明确提出"中行"的思想并予以肯定。如《泰》九二:

> 包荒,用冯河,不遐遗,朋亡,得尚于中行。

意思是说,在用大葫芦渡河的艰难条件下,尚能不遗弃疏远的人这是无私的表现,是崇尚中道行为的结果。又《复》卦六四"中行独复",《象传》解释道:

> 中行独复,以从道也。

因为六四爻虽不居中位,但在《复》卦的二爻至上爻五个阴爻中，六四爻又居于五阴之中。这一特殊的爻位，独与初九唯一的阳爻相应，因而同样可以符合中道。其他诸如《益》六二"有孚中行"，《夬》九五"苋陆夬夬，中行无咎"等都是称赞符合中道的行为。

《周易》古经作者标榜的这种无过无不及的中道思想，后来受到孔子和早期儒家的重视。在后期儒家撰写的《易传》中，又进一步发挥和丰富了这一思想。《易传》作者在"中行""中道"外，又提出"时中""正中""大中""刚中""柔中"等一系列带"中"字的概念范畴，成为历代儒家观察处理问题的基本方法和遵循的最高政治及道德原则。

《周易》古经的作者之所以特别重视"中行"思想，这与西周人长期所处的社会政治地位有关。

周人以小国崛起于西方边陲，土地贫瘠，人民贫穷。北受狄人压迫，数次迁徙；东有强大的殷王朝，需要卑躬屈膝，巧于应付。所以地理条件和政治形势都非常险恶。

在这种情况下，由这样一个小国，在夹缝中奋斗，最后竟能夺取天下，建立起强大的周王朝。这说明周人有一套应付环境、发展自己的方法，这种方法就是要恰当及时地掌握事物发展变化的时机和火候，既不能过分，也不能不及，必须恰到好处。这就是体现在《周易》古经中的"中行"思想，即后来被孔子称为"中庸之道"的思想。

孔子一方面赞扬"中庸之德"为"至德"，但同时又慨叹"民鲜久矣"。他认为，早年西周人所倡导的"中庸之德"，到了礼坏乐崩、世风日下的春秋末年，已经很难看到了。所以西周时的文化道德，就成了他梦寐以求的对象。

中庸之德，这种被孔子极尽赞赏的"至德"，过去究竟是如何体现的呢？他在《论语》中曾经两次提到。他说：

> 泰伯，其可谓至德也已矣。三以天下让，民无得而称焉。（《论语·泰伯》）

这里有一个故事。传说古公亶父知道三子季历的儿子姬昌有圣德,想传位给季历,泰伯知道后便与二弟仲雍一起避居到吴。古公亶父死,泰伯不回来奔丧,后来又断发文身,表示终身不返,把君位让给了季历,季历传给姬昌,即周文王。武王时,灭了殷商,统一了天下。

泰伯让王位为什么是至德呢?因为能够谦让吗?谦让固然也是一种美德,但孔子并不是一般地赞扬谦让,他曾说:

当仁,不让于师。

就是说,如果自己做的是符合于"仁"事情,就算是对自己的老师也不相让。况且,能够让位的人,春秋时期也有,如吴国的季札等。那么,孔子之所以特别赞扬泰伯,是因为泰伯的让位,符合于他的中道。

首先,泰伯让位于季历,为的是使文王能继承王位,这是让位于贤者,使周国的功业迅速得到振兴。其次,泰伯让位,不是为了沽名钓誉,博得人们的称颂,而是主动断发文身,入蛮夷之俗,从而丧失了继承王位的资格。因而,既让了贤,又没有破坏周人立嫡立长的继承制度。这是无过无不及而恰到好处。

孔子又说:

> 三分天下有其二,以服事殷。(《论语·泰伯》)

所谓"三分天下有其二",说的是周国在文王当政时,势力已经胜过了殷王朝,但文王认为,取代殷王朝的时机还未到,于是继续等待。到了武王时,条件完全成熟,带领诸侯大军,一举灭殷。文王和武王在处理周和殷王朝的关系——这个牵涉到千万人民利益的问题上,又是恰到好处,无过无不及,所以孔子赞叹道:

> 周之德,其可谓至德也已矣。

三、损益之道

孔子认为，事物的发展变化是通过损和益表现出来的，不是一成不变的。自然界的事物有损有益，比较明显，容易理解。而孔子认为，社会历史的发展也同样是在损益的过程中实现的。他曾说：

> 殷因于夏礼，所损益可知也。周因于殷礼，所损益可知也。其或继周者，虽百世可知也。（《论语·为政》）

此外，孔子还认为，统治者对社会财富的积累，也要掌握一个适宜的限度。否则，财富过于集中在少数人手中，容易影响社会的安定。他说的"不患寡而患不均，不患贫而患不安"，就是从这里着眼的。

孔子的弟子冉求曾为季氏的家臣，千方百计为季氏搜刮民财，以至于"季氏富于周公"。孔子认为，不应当再损民财而附益季氏，因为损益失度，统治者的地位反而不能巩固。所以他批评冉求说：

> 非吾徒也，小子鸣鼓而攻之可也。(《论语·先进》)

孔子还说过：

> 益者三友，损者三友。友直，友谅，友多闻，益矣。友便辟，友善柔，友便佞，损矣。

孔子的意思是说："有益的朋友有三种，有害的朋友有三种。结交正直、诚信、知识广博的朋友，对自己有益。结交谄媚逢迎的人、表面奉承而背后诽谤的人、善于花言巧语的人，对自己有害。"

孔子又说：

> 益者三乐，损者三乐。乐节礼乐，乐道人之善，乐多贤友，益矣。乐骄乐，乐佚游，乐宴乐，损矣。

意思是：有益的快乐有三种，有害的快乐有三种。以有节制的快乐为快乐，以赞美别人的优点为快乐，以多交贤良的朋友为快乐，这是有益的。以骄奢放纵取乐为快乐，以尽情游荡为快乐，以贪图安逸为快乐，就有害了。

所以在孔子眼中，就连交朋友和个人爱好问题，也应妥善处理。处理得好，会有益于个人的道德修养，处理得不好，会有损于个人的道德修养。

从损益两个方面来观察人与人之间的关系和个人的道德修养，不但为孔子和早期儒家所重视，同时也是先秦时期各家学派所共同关心的问题。与孔子同时的老子就认为：

> 天之道，损有余而补不足。人之道则不然，损不足以奉有余。（《老子》七十七章）

老子这里说的"补"和"奉",就是相对"损"而言的"益",这是老子对当时社会财富严重分配不公的慨叹。他认为,人道应当符合于天道,而在当时的情况下,却恰恰相反,人道背离了天道。在自然界,高山上的沙石,最后总是被冲刷下来,用以填平低洼的峡谷和河道。而在社会领域却不同,总是损贫而益富。结果是贫者愈贫,富者愈富,最后引起社会的大动荡。

墨子更是反对损贫而益富和损人以利己。主张:

摩顶放踵,利天下为之。

就是说只要对天下有利,哪怕历尽一切艰苦也愿意去做。他说:

任,士损己而益所为也。(《墨子·经上》)

认为只有肯损己而益于别人的人，才称得上是任侠之士。

庄子主张：

> 天下之非誉，无益损焉，是谓全德之人。

（《庄子·天地》）

对道德高尚的人来说，别人咒骂也好、赞誉也好，对他的品德没有丝毫影响。

孔子和其他先秦诸子，运用"损""益"来考察天道和人道，追溯其最早的源头，仍然是来自《周易》古经。《周易》古经六十四卦中列有《损》《益》两卦，事实上就是一对范畴。两卦的卦象，正好颠而倒之，也有相反相成的意思。

《周易》古经的作者，正是通过《损》《益》两卦的演变，运用自然界和社会领域中"损""益"这两种现象的相互关联，来考察和处理人们之间的相互关系的。

《周易》古经透露出了西周时期的人们，经过殷商以来社会的大动荡，对如何运用"损""益"的变化和联系，来正确处理社会集团和个人之间的相互关系有了某些新的认识。这种认识虽然是通过卜筮形式表现出来的，但却被善于吸取前人聪明智慧的孔子和其他先秦诸子所重视。

按照传统的解释，《损》卦的中心思想，在于"明损下益上之义"。因为在上的王公大人，需要在下的平民百姓来供养，这在当时是天经地义的事。但在上者又往往贪得无厌，对平民百姓进行竭泽而渔式的掠夺，结果引起社会的大动荡，夏桀、殷纣就是两个典型。

在当时的情况下，在下者必须损己以益上，这是无法改变的。但是，如何适当调整二者之间的关系，是刚刚夺得天下的周人需要认真对待的。《损》卦卦辞说：

> 损而有孚，元吉，无咎，可贞，利有攸往。曷之用？二簋可用享。

意思是说，在下者损己益上，是自身的天职，能认识这一点，就是心有诚意（"有孚"），这样才可以达到"元吉""无咎""可贞""利有攸往"，也就是出现一系列的吉祥之兆。至于供应什么、供应多少，在下者要尽力而为，在上者也不要苛求无厌。只要心有诚意，就是贡献菲薄之物，同样可以表达自己的损下益上的诚意。

《益》卦则正与《损》卦相反，按传统的解释，其中心思想，在于"明损上益下之义"。在上者如何损己益下呢？即将平民百姓损己益上之物，适当拿出一些，为下办一点好事。不要把取之于民者全部用于己，而置平民百姓生死于不顾。该卦卦辞说：

益，利有攸往，利涉大川。

在上者如能注意损己益下，将会得到好处，渡过险阻。该卦九五爻辞讲得更明白：

> 有孚惠心，勿问，元吉，有孚惠我德。

朱熹《周易本义》解释道：

> 上有信以惠于下，则下有信以惠于上矣，不问而"元吉"可知。（《周易折中》卷第六）

在上者如有诚意对下施以惠心，在下者必然会以诚意来报答。这样，就会有利于社会秩序的相对稳定。

孔子和早期儒家以及其他先秦诸子接受并发挥了《周易》古经提出的损益思想，并运用损益之间的相互关系，对当时社会财富分配不均的现象和人们的道德修养问题进一步做了分析论证，绕开了《周易》古经的卜筮形式，深化了《损》《益》两卦的思想。

四、居安思危

忧患意识是贯穿《周易》的中心思想之一。《系辞传》说：

> 《易》之兴也，其于中古乎！作《易》者其有忧患乎！

接着，就以《履》《谦》《复》《恒》《损》《益》《困》《井》《巽》九卦为例，论述了作《易》者的忧患意识：

> 是故履，德之基也；谦，德之柄也；复，德之本也；恒，德之固也；损，德之修也；益，德之裕也；困，德之辨也；井，德之地也；巽，德之制也。

这里说的忧患,并非平常人们所理解的终日愁眉苦脸、忧心忡忡、患得患失,而是指要能够深思熟虑,预见到自身将遭遇的各种困难,"反身修德以处忧患之事也""然后能巽顺于理以制事变也"(朱熹《周易本义》)。

人处于社会群体中,总的说来不外乎两种境遇,即顺境和逆境。所谓忧患意识,就是说当一个人处于顺境时,要考虑到顺境会转化为逆境,居安要能思危。但这种忧虑又不是毫无根据地杞人忧天,因为逆境到来之前是有征兆可循的。当事者应头脑清醒地随时观察分析这些征兆,并采取有效措施,避免或者推迟由顺到逆的转化。

反之,当一个人身处逆境时也不能悲观绝望,而是要充分考虑如何从逆境走向顺境。逆境需要有忧患意识,顺境同样也需要有忧患意识。

一个人有没有这种忧患意识是大不一样的。《周易》六十四卦的安排就告诉人们一个道理:世界上的事物总是不断地由正到反、由反到正,即由顺到逆、由逆到顺地发展变化的。《序卦传》讲的就是这个道理。

但《周易》告诉人们的又往往和常识不大相同,例如《否》卦的卦象是地(《坤》卦)在下,天(《乾》卦)在上,这本是事物的正常状态,应是处于顺境的象征,但《周易》并不认为是吉卦,这是从事物的发展前途着眼的,否极泰来,最终它要走向自己的反面。

《否》卦的反面是《泰》卦,《泰》卦的卦象是天在下,地在上,并非事物的正常状态,本来应是逆境不是顺境,但《周易》却认为是吉卦。人们如果要问,作《易》者为什么偏要做出这样异乎人们常识的判断呢?这是因为作《易》者是从事物发展的前途着眼,不是仅从人们当下所处的境遇着眼,这就是作《易》者的忧患意识。

如果《周易》真的为文王所演的话,正说明他具有正视现实、预见未来的忧患意识。因而他虽然身拘羑里,却并未悲观绝望;虽至三分天下有其二,也未轻举妄动,使当时殷周双方的形势,始终朝着有利于周人的方向发展。

第二章 《周易》古经对孔子的影响

李鸿章书法"以患难时心居安乐时"

以患难时心居安乐时心贫贱
心居富贵以居拂时心居广大
则毋往而不泰然以测谷视康
庄以疾病视强健以不测视无
事则毋往而不安稳经一番折
挫长一番识见多一分享用减
一分志气加一分体贴知一分
物情

李鸿章

虽然孔子没有能够实现他的政治主张，但他不论是事君从政、待人接物，还是教育弟子，都很重视忧患意识。他说："人无远虑，必有近忧。"就是对忧患意识所作的通俗而又深刻的表述。

孔子认为，一个人对自己当前所处的境遇，要有清醒的认识，要充分估计到将会发生什么样的变化。也就是说，做事要有预见性，这正符合《周易》"彰往而察来"的忧患意识。

孔子曾做过鲁国的司寇，一次鲁定公与齐景公会盟于夹谷，他也参与其事。夹谷会盟，本是齐鲁两国修好的和会，但孔子提出"有文事者，必有武备"，要求带上武士，做好面对危机出现的准备。会上，齐国果然企图利用乐队舞剑的机会劫持鲁君，孔子立刻命武士加以制止，圆满地完成了两国的会盟。

孔子在个人出处进退问题上也很重视忧患意识，他曾说：

> 危邦不入，乱邦不居。（《论语·泰伯》）

孔子在卫国时，虽然受到卫君的款待，但却从不问他治理国家的事情，孔子意识到卫君不会重用他，于是就离开了卫国。

在宋国，孔子和弟子们有一次在一棵大树下讲学，后来宋国的司马命人拔掉这棵树，孔子意识到对方将会加害于他，于是马上化装逃离了宋国。在《论语》中，还记载了孔子和弟子们游山玩水时的一个小插曲：

> 色斯举矣，翔而后集。曰："山梁雌雉，时哉，时哉！"（《论语·乡党》）

一群山鸡，发现有人注视它们，就马上飞走了，在空中盘旋，直到发现了有利的地形才肯落下来。这段话的意思是人要学会像鸟一样，能做到"色斯举矣，翔而后集"，保持高度的警惕性和预见性。因为等事到临头，就不好办了。古人所以求之于龟蓍，目的也就在这里。

后来像孔子等人则想舍弃卜筮，而追求预知事

物来临前的征兆,即"几"。而"几"又是神妙难测的:

> 几者,动之微,吉之先见者也。(《系辞传》)

犹如风起青蘋之末,不是一般人所能觉察到的。

《周易》古经流传下来的这种忧患意识,为后来各种类型的学者们所重视,不但受到政治家、权谋家的重视,也受到像孔子这样的哲人的重视,他们从各自不同的需要去理解和掌握忧患意识。后来孟子提出"生于忧患,死于安乐",进一步强化了忧患意识。

第三章 《易传》与儒学智慧

从《周易》古经到《易传》,是中国文化的一次自觉。经过这次自觉,《周易》古经中的宗教神学的成分大大减少了,代之以人文主义色彩很浓厚的天人之学。

孔子曾标榜"述而不作,信而好古",这并不是说,他只阐述别人的思想而没有自己的创见,只重视历史而不重视现实。而是说,他习惯于借阐述古人的思想来表达自己的观点。孔子的这一治学方法,也为他的后学所继承。

现在《易传》十篇,按学界流行的说法,除《说卦传》中保存有部分前人的资料以外,其余均成于战国时期儒家学派之手。他们就是沿用了孔子这一借"述"而"作"的方法,即借助对《周易》古经的阐释,并吸收道家、阴阳家的思想,来进一步完善儒家学派的世界观和方法论。

从总体上看,《易传》是当时代表儒家思想的一部优秀成果,并开了秦汉以后借阐释古代典籍来表达作者自己思想这一学术研究方法的先河。

在占筮易学大为发展的同时,面对春秋时期礼崩乐坏的现实,易学中出现了引证爻辞来分析事物矛盾的方法,最终形成了"以德代占"的观念。

"以德代占"观念的形成否定了占筮的权威,揭示了占筮的迷信无知,同时又为解《易》开辟了一条新的道路,为易学的发展提供了更为广阔的天地。

无论是占筮理论,还是以德代占说,其着眼点还是在占筮上。也就是说,《周易》古经此时不过是有着哲学意蕴的卜筮之书,但随着《易传》的出现,《周易》古经从占筮的束缚下解放了出来，成为一本哲理之书。

因此,《易传》可以说是集先秦《周易》古经研究之大成的第一部易学著作。《周易》古经有了传文之后,等于有了一把开启神秘殿堂的钥匙。从此,《周易》跨进了哲学著作的领域,这可以说是易学发展史上的一座丰碑。

《易传》的解读,赋予《周易》古经把握宇宙人生的独特方式,赋予古经的学说框架与学理体系以新义,奠定了其面向未来的无限开放之机。后人对古经的理解,大致就依循着《易传》的解读;后人心目中的古经,大致就是《易传》所理解的古经。

在后人看来,《周易》的经与传一体而不可分,传因经而生,经借传而显;在《易传》问世之后的人们的视野下,经与传就是一种"互诠互显"的关系。由此,"传"成了理解"经"的凭借,产生于后的"传"与诞生于前的"经"成了《周易》一书有机而不可分的两个组成部分。

后人大致就是透过"传"所赋予《周易》的

全新面貌,来理解《周易》的"经"以及"传",来理解《周易》和易学的。

所以我们首先要搞清楚,《周易》包括《周易》古经与《易传》两个部分,两者密不可分。因为只有按《易传》思想所阐述的《周易》才是儒家经典,而那个没有摆脱神学束缚的《周易》古经,在汉代就已被《汉书·艺文志》列入《数术略》。很多学者认为作为数术学的《周易》古经,是不能称为儒家经典乃至"五经"之首的。

《易传》十篇包括《彖传》《象传》《系辞》《文言》《说卦》《序卦》《杂卦》七部分,其中《彖传》《象传》《系辞》都分上下两篇,所以组成了十篇,称为《十翼》。《易传》从不同的角度对《周易》古经做了解释说明,并对《周易》古经的占筮体例和原则,在原有取象和取义两说的基础上,做了更深层地发挥,着重阐述《周易》古经所具有的义理内涵。

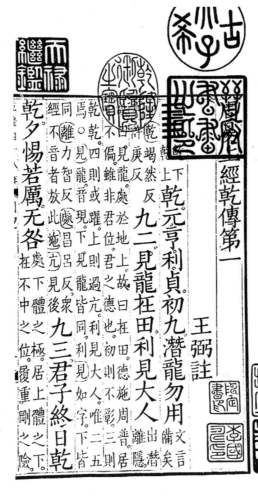

《乾》卦的经文和传文

一、《易传》的发挥

(一) 一阴一阳

人们对于阴阳的理解,多起始于对气的认识。气,是人们所最熟悉不过的了,只要是关注日常生活和周围环境的有心人,就不难发现,我们所生活于其中的这个世界,简直就是一个气的世界:瞬息多变的云气、时隐时现的雾气、蒸蒸而上的水气,冬日里刺骨的寒气、夏日里恼人的热气、春日和秋日里令人舒心的温凉之气,无时无刻不在呼出和吸入的空气等等。

《易传》整合道家、阴阳家学说,将阴阳观念与阴阳学说做哲理上的充实、完善、深化与提升,熔铸出了《周易》所特有的阴阳思想,使阴阳观念成了《周易》的基本观念,使阴阳学说成了《周易》的基本学说,使阴阳论成了《周易》最

深层的立论根基。《系辞上》说:

一阴一阳之谓道。

《周易折中》的编修者对这句话的解释非常精彩:

一阴一阳,兼对立与迭运二义。对立者,天地日月之类是也,即前章所谓"刚柔"也;迭运者,寒暑往来之类是也,即前章所谓"变化"也。(《周易折中》卷第十三)

《易传》的阴阳范畴,其内蕴极为丰富,约而言之,则大致有如下数端:

其一,阴阳指阴阳二气。阴气具有柔顺、柔弱、幽暗无明、虚而无实、消极退缩诸品格,阳气具有刚健、刚强、清明光显、实而不虚、积极进取诸品格。这是《易传》中阴阳的最基本的内涵。《易传》认为,阴阳二气是宇宙万物的实际本原，也是宇宙万物的基本构成者。这一结论具有终极的总体宇宙哲学意味。所以，阴阳二气，就成了《易传》阴阳范畴的最基本的内涵。

赵孟頫书《周易·说卦传》

其二,阴阳指阴性与阳性两大类事物。《系辞下》说:

> 乾坤,其《易》之门邪?乾,阳物也;坤,阴物也。阴阳合德而刚柔有体,以体天地之撰,以通神明之德。

阴阳二气彼此交感变化,就形成了宇宙万物。阴阳二气有其阴阳之分,而由阴阳二气之彼此交感变化所形成的事物,也有了阴阳之分。亦即,源自于阴阳二气的宇宙万物,虽有其繁纭复杂的外观,但实可区分为阴性与阳性两大类。与阴阳二气的品格相类,阴性事物也具柔顺、柔弱、幽暗、空虚、消极退缩诸品格,阳性事物也具刚健、刚强、光显、充实、积极进取诸品格。

其三,阴阳指大宇宙和社会人生中的两大类相反势力。无论是作为宇宙万物实际本原的阴阳二气,还是由阴阳二气所生化出的宇宙万物及万象,都涵具着各自的能量,而这些能量的外在的载体以及载体的不同组合或汇聚,就会展现为强弱不等的势力。这些强弱不等的势力,因其或来自于阴气,或来自于阳气,也就有着阴性与阳性的区分。阴性势力的品格也是柔弱、柔顺、幽暗、空虚、消极退缩等,阳性势力的品格也是刚健、刚强、光显、充实、积极进取等。

其四,阴阳指两种不同的品格或品性。阴气之谓阴气,阴性事物之谓阴性事物,阴性势力之谓阴性势力,皆因其涵具阴的品格或品性;阳气之谓阳气,阳性事物之谓阳性事物,阳性势力之谓阳性势力,则皆因其涵具阳的品格或品性。

在《易传》看来,古经的两种基本爻画,其所具体分别表征或符示的,就是阴阳二气,就是阴性与阳性两大类事物,就是宇宙和社会人生中的阴性与阳性两大类相反势力,就是宇宙万物万象的阴阳两种不同的品格或品性。而由两种基本爻画不同叠组所形成的八经卦与六十四别卦的卦画,它们所具体表征或符示的,主要就是阴阳二气的不同消长盈虚情状,就是大宇宙和社会人生中两大类相反势力的不同消长盈虚情状。

依《易传》之见,在以上所开列的阴阳的诸品格或品性中,阳所凸显的是刚的品格或品性,阴所凸显的是柔的品格或品性。由此,《易传》的阴阳论内在地涵蕴并凸显着其刚柔观:阳刚而阴柔。言阴阳,则刚柔之理在其中;言刚柔,阴阳之理也在其中。如此,在《易传》那里,刚柔观成了涵盖于阴阳论之中,与阴阳论融为一体的阴阳论的有机组成部分。由是,八经卦与六十四别卦的卦画所表征或符示的,又可表述为,主要是阴阳二气与刚柔两大类相反势力的不同消长盈虚情状。

后世的人们视阴阳为《周易》的基本观念、核心观念或精髓,并非对古经本来就涵具着阴阳观念的确证,恰恰相反,这更应被看作是《易传》以阴阳论解读古经的识见深入人心的必然结果。

(二)符示万物

所谓八经卦,是指乾☰坤☷震☳巽☴坎☵离☲艮☶兑☱八个基本卦象。这八个卦都只有三画,由这八个三画卦,两两重叠组合成六十四个六画卦,称为六十四别卦。

春秋时期的《周易》学说已开始明确地认为,古经的卦画,就是物象的表征或符示者,并初步提出了一些卦象(卦画所表征或符示的物象)成说。

《易传》沿着这一学术路向继续向前走了下去,进一步提出了系统的经卦卦象说。在《易传》看来,经卦的卦象,表征或符示着大宇宙和社会人生中的各种物象。对于这些被表征或符示的物象,《易传》做了一番归类。其归类的情况,大致如下:

其一,八经卦所表征或符示的基本物象。即天、地、雷、风、水、火、山、泽之象。依《易传》之见,这八种物象,在大自然中可以说是最为基本的了,它们与人的生存发展关系也极为密切。

其二,八经卦所表征或符示的物象的八种基本品格或德性。包括人在内的宇宙万物万象,又都具有其各自的品格或德性，以此才构成丰富多彩而非单调划一的大千世界。为此，《易传》认为，古经又从包括人在内的众多事物的品格或德性之中，挑选出了最为基本的八种，并以相应的经卦表征或符示之。

《易传》指出，由古经所挑选出的这八种最为基本的事物的品格或德性，分别是"健""顺""动""入""陷"（"险"）"丽""止"以及"说"。

"健"即刚健，"顺"即柔顺，"陷"即塌陷、洼陷或陷落，"险"即危险，"丽"谓附丽、附着（并非美丽），"止"是静止不动，"说"同"悦"，和悦、喜悦之谓。

这八种德性分别由八经卦表征之，就是《乾》健、《坤》顺、《震》动、《巽》入、《坎》险（陷）、《离》丽、《艮》止、《兑》说（悦）。

古人称卦所表征或符示的这些德象为卦德，以与卦所表征或符示的一般物象（卦象）相区别。实则，卦德也是一种特殊的卦象，因此，《周易》

的卦象范畴，本来就涵盖着卦德。

其三，八经卦所表征或符示的八种与人密切相关的动物。《易传》认为，与人们生活密切相关的家畜、家禽或其他动物，有如下八种：马、牛、龙、鸡、豕（猪）、雉（野鸡）、狗、羊。

古经认识到了这一点，遂用八经卦将它们表征或符示出来，具体言之，即：《乾》卦表征马，《坤》卦符示牛，《震》卦表征龙，《巽》卦符示鸡，《坎》卦表征豕，《离》卦符示雉，《艮》卦表征狗，《兑》卦符示羊。

其四，八经卦所表征或符示的人体的八个基本部位。《易传》认为，人生在世，不仅应放眼外在的世界，认识外在世界中的事物，而且还应反观自身，明了自身的一切。

正是基于这一识见，在《易传》看来，古经对人自身的构成等，进行了深入研究与思考，以八经卦的卦画，符示出了人体八个基本部位：《乾》卦表征头，《坤》卦符示腹，《震》卦表征足，《巽》卦符示股（大腿部位），《坎》卦表征耳,《离》卦符示目,《艮》卦表征手,《兑》卦符示口。

其五,八经卦所表征或符示的父母六子之象。依《易传》之见,反观自身之后,再来静思一下血缘亲情,并对浓浓血缘亲情下的父母子女进行一番合理地定位,理顺彼此之间的关系,然后以八经卦的卦画符示出来,就是古经所做的进一步努力。

古经对此做出了如下的具体符示:《乾》卦表征父,《坤》卦符示母,《震》卦表征长男,《巽》卦符示长女,《坎》卦表征中男,《离》卦符示中女,《艮》卦表征少男,《兑》卦符示少女。

其六,八经卦所表征或符示的时间和空间。

《震》位于正东方,于时为春,一切生物都在春季生长出来。

《巽》位于东南,于时为春夏之交。

《离》为火,位于南方,于时为夏,一切生物都在夏季繁茂生长。

《坤》位于西南方,是生养万物的土地,"万物皆致养也"(《说卦传》)。

《兑》位于正西方,于时为秋,一切生物皆在秋季因收成而喜悦。

《乾》位于西北,这是一年阴盛阳衰的开始,阴阳相搏而战。

《坎》位于正北方,于时为冬,一切生物都在冬季藏伏起来,所以说"万物之所归也"(《说卦传》)。

《艮》位于东北,于时为冬春之交,一年之四季又要开始,所以说"万物之所以成终而成始也"(《说卦传》)。

这个宇宙运行图式,通过对《周易》框架的解释,将万物组织在一个时间、空间相配合的体系之中,并以此说明一年四季的变化和万物生长盛衰的过程,可以说是中国古代粗略的宇宙系统论。

其七,八经卦所表征或符示的其他物象。《易传》认为,古经的八经卦所表征或符示的物象是无穷无尽的,可以说,宇宙和社会人生中的一切

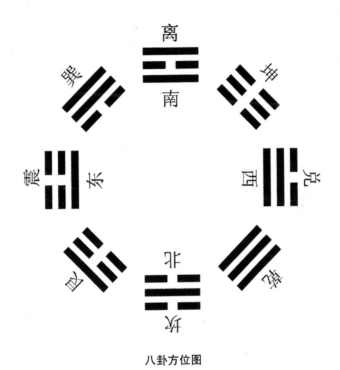

八卦方位图

事物，皆可化约为八大类，从而涵摄于八经卦的卦符之下，并为八经卦的卦符表征或符示出来。而以上所列举的几项，仅是八经卦的卦符所表征或符示的物象中很少的一部分。

为了让人们更好地掌握古经以八卦理念、八卦卦符把握宇宙人生的这一独特方式，使人们在具体运用这一方法时，能够在以上八卦卦象的基础上，切实做到举一反三，触类旁通，尽快判明所遇到的物象究竟应当归属于八经卦中的何卦，为何卦所涵摄、所符示，《易传》又具体开示了八经卦所表征或符示的其他一些物象。这些被表征或符示的其他物象，即所谓的八经卦的推衍卦象。

以《乾》卦为例，《易传》所开示的《乾》卦的推衍卦象有：圜（圆）、君、玉、金、寒、冰、大赤（深红色）、良马、老马、木果（木本植物的果实）等等。

在《易传》看来，对于八经卦所表征或符示物象的任何例举，最终总是有一定限度的，而绝难做到穷尽，因此，以上虽又列举了八经卦的一些推衍卦象，但这仍然不够，仍需人们在真正融会贯通了古经的八卦理念的基础上切实体会，并在实际中运用中举一反三，触类旁通。

（三）象数模型

在系统阐述经卦卦象说的同时，《易传》更进一步解释了它所认定的古经所本有的各种爻位、爻象义例（模式、模型）。《易传》所解释的这些爻位、爻象义例，约而言之有如下数端。

基本爻象说

基本爻象，就是两种基本爻画所表征或符示的基本物象。具体言之，即前面已提及的，阳爻表征阳气、阳、刚健、刚强、男性、君子、刚健刚强之人、实，等等。阴爻符示阴气、阴、柔顺、柔弱、女性、小人、柔顺柔弱之人、虚，等等。

爻位阴阳说

一个别卦有六爻，六爻分别居于六种不同的位上，这种位就称爻位。爻位分别是初爻之位、二爻之位、三爻之位、四爻之位、五爻之位、上爻之位。爻位有其阴阳之分，奇数的爻位属阳位，即初爻、三爻、五爻之位属阳位；偶数的爻位属阴位，即二爻、四爻、上爻之位属阴位。

当位、失位说

阳爻应当居于阳位，阴爻应当居于阴位。凡阳爻居于阳位，阴爻居于阴位为当位；凡阳爻居于阴位，阴爻居于阳位为失位。当位则得正，失位则失正。一般而言，当位得正则吉祥，失位失正则凶险。

当位、失位说的社会人文义理内蕴是，每个人都有其特定的社会等级分位，而每一特定的社会等级分位，皆与特定的社会人文职分相对应。因而，每个人皆应立足于自己所处的社会等级分位，明确自己的社会人文职分，恪尽职守，不存非分之想，不为非分之事。

中位说

一个别卦可视为由下上两个经卦组成，一个别卦的二爻、五爻之位，分别是下上两个经卦的中爻之位，这两个爻位，即被称为中位。某爻居于中位，即称得中，抑或得中道。

中位符示中和、中庸、中正、中道。中，意味着不偏不倚、无过无不及，恰恰适中。中，既是一种最高的行为方法论原则，又指一种最为圆满的行为境界以及人生境界、生命境界、精神境界。

三才之位说

《易传》认为，古经所显示的学理的核心，乃是三才之道。

三才，即涵盖社会人生在内的天地宇宙间的天、地、人三种最重要的因素。

乘、顺说

乘，凌驾之义。顺，柔顺而承奉之谓。一个别卦内的任何一对相邻爻，如若阴爻居于阳爻之上，就称阴乘阳，抑或柔乘刚；若阴爻居于阳爻之下，则称阴顺阳，抑或柔顺刚。

在《易传》看来，正如古经所透显的，阳尊阴卑，刚尊柔卑，因此，阴顺阳、柔顺刚则吉祥，阴乘阳、柔乘刚则凶危。

乘、顺说的社会人文内蕴，是指君臣、男女、君子、小人之间有着严格的尊卑等级，这种尊卑等级是神圣而不可随意打破的，它也体现着人道的神圣与庄严，并由一整套礼的规范来维系、保障。

《易传》所诠示的爻象、爻位模型还有一些，比如得应（援助、辅助）、失应说，本末、终始说，往来说等等。

透过以上的卦象说及诸爻象、爻位义例，《易传》首次明确而系统地开显出了《周易》的象数思想，真正表现出《周易》的象数学内涵和象数学方面的鲜明特色。

依据《易传》所诠显的上述象数思想，我们可以看出，以经卦为最基本单元的角度切入，则每一别卦皆可视为下上或内外两个经卦的组合。透过这种组合，符示了较之经卦单独存在所符示的更为复杂、更为具体、更为鲜明生动的物象及物象状态。

例如：下《坤》（☷）上《离》（☲）的《晋》（䷢）卦，符示了红日升出地平线，并将继续冉冉升起之象。

下《坎》（☵）上《艮》（☶）的《蒙》（䷃）卦，符示了苍翠大山之下，潺潺泉水流出之象。

而以爻为最基本单元的角度切入，则每一别

卦又皆可视为六爻的组合。透过这种组合，则因更加细致入微的爻象、爻位模型的存在，又符示了较之上下经卦的组合更为复杂、更为具体、更为鲜明生动的物象状态与物象关系格局。

由是，在《易传》看来，透过经卦的卦画，透过以经卦或者爻为最基本单元的别卦的卦画，古经涵摄了宇宙和社会人生中的各种已知与未知的物象、物象格局及其多种可能的复杂变化情势和样态，将这些全部容纳在它的八经卦与六十四别卦的卦符之下，并随时将这些物象、物象格局及其多种可能的复杂变化情势和样态符示出来。

由此，古经的八经卦与六十四别卦，就成了妙不可言的宇宙万物万象及万变的收摄、涵摄与表征或符示者。

二、《易传》所展示出的儒家智慧[①]

《易传》的作者，立足于儒家学派的立场，吸收了道家和阴阳家的自然观与辩证思维方法，试图综合百家，建立起比较完整的哲学思想体系。在当时的历史条件下，《易传》的作者通过对《周易》古经的阐释，借"述"而"作"，一方面开发了《周易》古经这部卜筮之书中所蕴含的智慧，另一方面又吸收融合了其他学派的思想，给当时儒家学派的思想注入了新的血液，对后世儒家思想和整个中国哲学思想的发展都产生了重大影响。

在《易传》以全新的学术视野，对古经做出里程碑意义的高度原创性的解读之后，《周易》焕

[①] 王新春：《神妙的周易智慧》，中国书店 2001 年版。

发出了崭新的学术气象，并一改其神秘莫测的学术品格，展示出了其全新、迷人的智慧。现择要从以下几个方面加以论述。

(一)《周易》古经是一部什么书

《周易》古经原本为"卜筮之书"，但《易传》从根本上突破了传统的观念，改变了对《周易》古经性质的认识，视其为讲宇宙人生根本原理的书。

《易传》作者认为，圣人仰观天象，俯察地理，模拟天地间的一切事物，创作八卦，写成《周易》古经，就是为了探讨关于事物的本性和世界运动变化规律的。这就对《周易》古经的框架结构做了全面的哲学解释。

既然这个框架结构是对客观外界的一种模拟，那么《周易》古经就与天地大致相当，包含有天地间的一切道理。所以《易传》说：

> 《易》与天地准，故能弥纶天地之道。
> 《易》之为书也，广大悉备，有天道焉，

> 有人道焉，有地道焉，兼三才而两之，故六。
> 六者非它也，三才之道也。

这是说，《易》道广大，无所不包，天道、地道、人道尽在其中。以其为"三才之道"，说明《周易》古经不是一般的著作，而是包容天地之道的典籍。

对于此种看法，《说卦传》又进一步做了发挥，其中说：

> 昔者圣人之作《易》也，将以顺性命之理。是以立天之道曰阴与阳，立地之道曰柔与刚，立人之道曰仁与义。兼三才而两之，故《易》六画而成卦。

即是说：天道有阴阳，地道有柔刚，人道有仁义，天地人三才各有两种相互对立的势力，所以《周易》用上两爻象征天道，下两爻象征地道，中间两爻象征人道，即兼有阴阳、刚柔、仁义之理，画六画而成为一卦。而三才之道又顺于"性命之理"（万事万物的本性及其变化的规律）。

按照《说卦传》的解释，此性命之理，就筮法说，表现为奇偶二数、刚柔两爻、阴阳两卦；就天象说，表现为寒暑二气；就地上万物说，表现为刚柔二性；就人类生活说，表现为仁义二德，而《周易》皆总括包容于其中，从而认为圣人作《易》的最终目的是：

> 和顺于道德而理于义，穷理尽性以至于命。

也就是说，圣人依据《周易》法则、遵循事物准则，确定事物的分位、穷尽事物之理和所属之性，以至于生命的终极。

这样，《周易》又被看成是认识事物的本性及其变化规律，从而提高人的精神境界的学问。道家的自然主义和儒家的人文理想、宇宙意识巧妙地结合在一起了。

总之,《周易》被儒家认为是讲宇宙人生根本原理的书。这种将《周易》全面哲理化的倾向,是同战国时代哲学思维的发展、文化大融合的趋向相适应的。

(二) 世界从哪里来

我们所生存的这个世界是怎么来的?它又是如何存在的?《易传》对此做出了自己的回答,从而提出了一个宇宙形成的理论和世界图式。

存在于天地之间的只有各种各样的物质实体,而这些物质实体又来自天地,天地既是万物生成的总根源,又是人类社会和等级秩序的基础,所以《序卦传》说:

> 有天地然后有万物,有万物然后有男女,有男女然后有夫妇,有夫妇然后有父子,有父子然后有君臣,有君臣然后有上下,有上下然后礼义有所错(同"措",意为"安置")。

天德刚健,使万物始有;地德柔顺,使万物

生长。万物皆依赖于天地而存在和生长，天地是万物的基础。

为了探讨万物生成之理，《易传》以《乾》《坤》两卦象征天、地，进而把《乾》《坤》比作父、母，其他六卦是《乾》《坤》生出的子女。《震》《坎》《艮》是老大、老二、老三三个儿子，《巽》《离》《兑》是老大、老二、老三三个女儿。也就是说，雷、风、水、火、山、泽是天地父母生出的子女。六个子女出生之后，又辅助天地化生万物。总之，是"天地感而万物化生"，这是十分明显的天地本原论，而不承认有任何超自然的神灵存在。

（三）运动变化的原因是什么

《易传》认为，世界上没有永恒不变的东西，日月往来，寒暑相推，《周易》就是效法天地万物的运动变化的：

是故《易》者，象也。象也者，像也。

意思是《易》的核心内容就是卦和爻所展现的"象"（形象、模型），而象就是用来模拟、象征宇宙事物变动的。

那么，事物运动变化的原因何在呢？《易传》认为，这完全是由于事物本身所具有的阴阳两种势力决定的。所谓"刚柔相推，而生变化"，刚柔也即阴阳，相推即相互推移、相互作用。刚柔二爻相互推移，进退消长，方有卦爻象的变动。这既是《周易》的法则，也是宇宙的普遍法则。

这种观点，是把对立面的相互作用看成变化的原因，乃中国古代内因论的先驱。它启发人们，能否促进事物的发展、取得事业的成功，要从事物本身寻找原因，而不能把客观条件作为根本依据或推脱责任的借口。既不能怨天，更不能尤人。

《易传》还认为，在刚柔推移的过程中，其对立面的相互作用，有很多表现形式，概而言之有两种，即相互吸引和相互排斥。就是说，对立面之间不仅相互对立、相互排斥，而且相互召感、相互资取、相互沟通，虽相反而相成。

这种观点，就其理论思维说，是承认对立面存在同一性。这就启发人们，在处理对立事物的时候，要注意其异中之同，寻找不同中的共同点，以达到相成相济、协和统一的目的。比如中国同美国之间，是两种根本不同的社会制度的国家，意识形态也存在很大差异，但我们两国之间对世界形势和许多国际事务的看法，存在着共同点，在经济和科学技术上也有很大的互补性。如果我们抓住这些有利因素，妥善处理两国关系，就会为两国的社会发展创造一个有利的外部环境，从而对世界和平与进步做出应有的贡献。一个国家如此，一个企业、一个单位乃至一个人，莫不如此。

（四）为什么必须居安思危

在《易传》看来，由刚柔相推所引起的事物盈虚消长的变化过程中，总是由于发展到极点，而向与其自身相反的方向转化。日月的运行，达到极点就向其反面转化。婴儿呱呱坠地，来到人间，不断生长发育，由孩提到幼年，由幼年到青年，由青年到壮年，壮极则老，就逐渐转化为老人，以至于死亡。一切生物大致都遵循着人所走的道路，经历着由无到有、由生到壮、由壮转化为死的过程。天地万物，盈虚消长，发展到极端就要向其反面转化。"乐极生悲""否极泰来"的成语，说的就是这个道理。

正因为认识了"物极则反"的法则，《易传》作者通过对《周易》古经的解释，从中引出了防止或警惕走向反面的经验教训，提出了"三不忘"的主张。《系辞传》说：

> 君子安而不忘危，存而不忘亡，治而不忘乱，是以身安而国家可保也。

这是说，安于其位，则招来倾危；保持现状，则招来灭亡；自恃国家已经得到治理，结果却招来祸乱。因此，处于安、存、治的局面，不能忘记危、亡、乱的可能，永远持有一种忧患意识，这才是身安、家齐、国治的保证。

(五) 为什么要趋时尚中

为了避免祸乱的倾危，阻止事物向坏的方面转化，引导其向好的方面转化，《易传》研究了各种可能碰到的复杂情况，提出了一套应付环境的安身立命之道，首要的就是趋时尚中说。

前面已经介绍，《易传》解释筮法，以二五爻居上下卦之中位，一般情况下，中爻往往为吉，所以又以"中"或"中正"为事物的最佳状态。因此，《易传》要求人们"执中守正"。

关于"时"，《易传》认为，六爻之吉凶因所处的条件而不同，因时而变，所以又把"趋时"视为美德。"时"，是时机、时运、时势；"趋时"，就是主动地适应时势，及时抓住机遇。适时则吉，失时则凶。要想求得生存和事业的发展，必须"与时偕行"，随时而进。

不仅如此，《易传》还将"中"与"时"联系起来，从而将"时中"（因时而行中道）作为人的行为准则。战国思想家孟子也推崇"时中"说，认为"执中无权"，只守中道，不懂通权达变，即不能因时而行中道，其结果是固守一种模式，反而破坏了"道"。

趋时尚中，随时而行中道，就是要求人们无论办什么事情，都要把握时机，相机而行，将事物的各个方面都处理得恰如其分。时机未到，要"待时"，鲁莽行事，欲速则不达；时机已到，要当机立断，丧失机遇，则会遗恨终生。时机转变，要"变通趋时"，不能固守一隅，坐以待毙。只有审时度势，随时应变，当机立断，同时又把握一定的度，恰到好处，才能获得较大成功。

（六）为什么要自强不息

不论是处于顺境还是逆境，《易传》认为都要充分发挥人的主观能动性，都要"自强不息"，具有拼搏精神。

"自强不息"是《易传》提出的一个重要原则，它包括两方面的内容，即"自强不息"和"厚德载物"。《象传》说：

> 天行健，君子以自强不息；地势坤，君

子以厚德载物。

就是说，天的运行永不停止，君子效法天道，所以自强不息，坚韧顽强，努力向上，绝不停止；大地顺承天道，成就万物，君子效法地道，所以胸怀广大，包容一切，使他人和万物都得以各遂其生，各畅其志。

这两个方面，自强不息是自立之道，厚德载物是立人之道。自立是立人的前提，立人是自立的引申。两者相结合，构成《周易》人生理想的总原则。

这个处理各种关系的人生总原则，经过历代思想家和易学家的阐发，逐步深入到社会的各个层面，成为中华民族的优良传统和中国文化的基本精神。在中华民族悠久的文明史上，无时无处不表现着这种精神。

（七）怎样实现天人和谐

自强不息，发挥人的主观能动性，不能随意妄为，而要依据自然规律，利用自然提供的条件，有所作为,否则只能受到自然的惩罚,遭到失败。因此,《易传》在天人关系方面,又提出了强调天人和谐的"裁成辅相"说。

"裁成",即加工裁制完成。"辅相",即遵循固有的规律而加以辅助。就是在遵循自然规律的基础上,对自然加以辅助、节制、调整,以成就天地化育万物的功能,使之更加符合人类的要求。

圣人掌握了《周易》的法则,其德行则与天地日月的变化相一致。先于天时的变化而行事,对自然加以引导、开发,也即裁制自然,助而导之,自然也加以顺从;天时变化既发之后行事,则注意适应,因顺自然变化的法则,应而随之。这便是"与天地合其德"。这个说法,也是裁成辅相的意思。也就是说,人只能适应自然,引导自然,调节自然,辅助自然,使人与自然相协调,而不能违背自然法则,破坏自然规律。

此种天人协调论,既注意了充分发挥人的主观能动性,在自然面前有所作为;又强调了必须尊重客观的自然规律,强调人与自然的和谐发展,

（清）恽寿平《五清图》

是关于天人关系的一种全面观点。对人类保护自然环境，摆脱生态危机具有重要的指导意义。

（八）为什么要神道设教

维持家族制度中的"父子、兄弟、夫妇"的正常秩序，以达到各尽其职、天下安定的目的，这对社会的安定、发展至关重要。因此，《易传》十分强调教化的作用。而为了教化，最简单易行的办法就是利用流传已久的天神崇拜和祖先崇拜的宗教，提倡敬天尊祖。这方面，《易传》也有不少论述。天神崇拜可以巩固君权的地位，祖先崇拜则可以巩固父权的地位。应该说，《易传》作者确实抓住了问题的关键。

但是，这种敬天尊祖的传统宗教，与战国时代的自然哲学思潮在理论上是根本对立的。为了维护封建宗法等级制度，《易传》不得不提倡敬天尊祖的传统宗教；为了建立完整的哲学体系，《易传》又不得不接受当时直接否定这种传统宗教的天道自然观。这样，就不可避免地陷入了理论上自相矛盾的困境。为了摆脱困境，《易传》的作者们找到了一个异常巧妙的解决办法，叫作"神道设教"。

《彖传》说：

> 观天之神道，而四时不忒。圣人以神道设教，而天下服矣。

就是说，圣人观察四时的运行，春夏秋冬秩序井然，从无过差，就像有神灵主宰一样，于是设立鬼神祭祀推行教化，这样，天下万民也就都驯服了。这是一种宗教与非宗教的巧妙结合。虽然统治者怀着虔诚的心理祭天祀祖，但主要目的在于推行教化、文饰政事，借用传统宗教的力量使人民服从君父的统治，以维护封建宗法等级秩序。

在中国长期的封建社会中，《易传》所提出的"神道设教"思想，一直受到封建统治者及其知识分子的推崇，对巩固宗法制度起了重要作用。这是一个十分有趣的文化现象，值得我们深入研究。它对于我们正确对待宗教文化，也不无借鉴意义。

第四章 亚圣孟子与《周易》

孟子（前372—前289），名轲，字子舆。战国时期邹（今山东邹城市东南）人。幼年丧父，家境贫困，在母亲的严格教导下，刻苦学习，经过子思的精心教导，通研"五经"，成为一代大儒。后人用孔子和他的名字命名儒学为"孔孟之道"。

孔子死后，儒家学派分为八派。到了战国中期，以孟子为代表的孟氏之儒影响最大，成为当时儒家学派的主要代表。

孟子非常推崇孔子，并以孔子的继承人自居。但是，在记载其言行的《孟子》一书中，却没有提到《周易》。这似乎与孔子重视《周易》、读

孟子

第四章　亚圣孟子与《周易》

《易》"韦编三绝"的精神不大相合。因而后世曾有人依此推断，认为《论语》《史记》等书中有关孔子重视《周易》的记载不一定可靠。如果真有其事，孔子的忠实信徒孟子不可能不提到《周易》。

对这个问题应当客观地分析。在《孟子》一书中，确实没有关于《周易》的记载，但尚无法以此证明孟子没有接触过《周易》。《周易》是西周王朝流传下来的一部重要文献，早在春秋时期已经普遍流传，不论对当时的社会生活还是学术思想都已产生很大的影响。孔子重视《周易》的事已经见诸《论语》，决不能因为《孟子》一书没有提到而怀疑孔子与《周易》的关系。甚至也不能因《孟子》中没有提到《周易》，就可以依此断定孟子本人没有接触过《周易》。

孟子当时身为儒学大师，他和孔子一样，也以《诗》《书》《礼》《乐》教授学生，而且他自己也掌握丰富的历史知识。孟子每到一地，当地的国君或政要多以师礼尊之；遇到历史上有争议的重大历史事件和掌故，多向其咨询请教。这说明孟子对各种历史文献是非常熟悉的。而且当时《周易》的传播,已比春秋时期更为广泛,这从与孟子同时期的魏襄王墓中陪葬的竹书《周易》可以得到证明。这时,不但《周易》古经已经广为流传,而且出现了各种形式的解《易》著作,如汲冢竹书中的《易繇阴阳卦》《卦下易经》等就是这类著作。

孟子处在这样的文化氛围中,很难设想会不接触到《周易》这部重要历史文献。至于孟子不以《周易》教授弟子,可能与当时他所从事的儒家理论建构的重点有关。

孟子当时"率其群徒,辩其谈说",周游列国,以影响各国君主,其目的是希望诸侯国君能采纳他的仁政方案。而他的仁政方案,已经与孔子当年宣扬的"君君、臣臣、父父、子子"以及"复周礼"等口号不同,他的仁政是从井田经界、治民之产、养老爱幼、救荒赈灾、通商税收、官爵俸禄、王位继承,一直到练兵打仗全都包括在内了。

另外，孟子在与其他各家学派的争论中，还肩负着所谓"息邪说，放淫辞"的重任。因而他锋芒所向，几乎对当时的各家学派如墨家、道家（以杨朱为代表）、纵横家、法家、兵家都进行过批判。他当时所要解决的主要问题，是到底通过仁政还是通过战争来统一天下的问题，以及与此相关的人性是善还是恶的问题。在这种情况下，他还来不及从思辨的高度去建立适合于儒家学派的、完整的世界观和方法论的思想体系。

事实上，在先秦诸子中，孟子是对《周易》领会极深、发挥极出色的人，其特点是不讲卦爻，不拘泥文字，只注重它的精神实质，而又能融会贯通，运用于实际。在整部《孟子》中无一处提及《周易》，更无一处引用《周易》，而其言论却处处充满了《周易》思想。他特别善于在一些具体问题的阐述中自然而生动地将《易》理的奥秘精微发挥得淋漓尽致。①

---

① 本章以下内容参考任俊华：《易学与儒学》，中国书店 2001 年版。

一、人性本善

《易传·系辞》说：

> 一阴一阳之谓道，继之者善也，成之者性也。

提出天地万物产生的本源和存在的本质是由阴、阳构成的"道"，而这个"道"的本质在生天生地的时候被天地继承下来了，就是"善"。所以《易传》认为天地的本质是善，其具体表现是能覆载万物，生成万物，一片仁慈之心，所以说"天地之大德曰生"。

推之人事，人的本性是什么呢？是与天地一致为善呢，还是与天地相反为恶呢？或者从天地的兼收并蓄引申出有善有恶、无善无恶呢？在这个问题上,孟子始终主张"人性本善",两千余年来深深地影响着中国的伦理道德。

孟子认为,人之性善,是先天的,而不是后天的,是"我固有之"的,而不是来自外部的。何以见得是我固有而非外来呢?他举出了"人皆有不忍人之心"来论证自己的观点。孟子说:

> 所以谓人皆有不忍人之心者,今人乍见孺子将入于井,皆有怵惕恻隐之心,非所以内交于孺子之父母也,非所以要誉于乡党朋友也,非恶其声而然也。(《孟子·公孙丑上》)

何谓人皆有不忍人之心,孟子举出了上述的例子,一个小孩眼看就要掉进水井了,凡是看到了当时情景或是闻到哭声的人没有不十分紧张恐惧、担心害怕的,唯恐小孩掉了下去,为什么会有这种心理呢?孟子排除了各种外来的因素,认为是生来俱有的不忍人之心,这就叫本性。于是据以推断人的本性是善。孟子不仅认为善的本性是人固有的,由善引申扩展的仁义礼智也是固有的。

孟子不把仁义礼智看成是一种教化的结果,而视为人本身固有的良知良能。孟子认为,人在"孩提"之际,应该说还未曾受到社会的影响,却知道亲自己的亲人,由此可知良能良知都是天生的,而不是后天才有的。

人性的善恶问题本来是个很复杂的问题,时人已有各种不同的主张,孟子不得不经常与不同的观点展开辩论。

一次,公孙丑向孟子提出有关善恶的一连串问题,目的是为了论证性无善恶。提问一连列举了四种情况,一是从社会风化说,文武(周文王和周武王,周朝的圣明君主)之时好善,幽厉(周幽王和周厉王,周朝末期的著名暴君)之时好暴,说明人性可以导之使善,可以诱之使恶;二是从周围影响说,大圣人"尧"当君主的时候,竟还有名叫"象"的这样刁蛮不规之徒;三是从血缘关系说,瞽叟这样不慈不义的父亲竟生下了"舜"这样的善良儿子;四是从家庭教养说,商朝的暴君纣王,他的亲叔叔微子、比干却又都是好人。这些现象该如何解释呢?

孟子回答说,性善虽是人的本质和本能,但必须启动发扬,"性"发动后就叫"情",不启动发扬,仍然只是潜在的"性"。那些行为不善的人,并不是他不具备这种本能和本质,而是没有发挥这种本能与本质。故孟子接着又说,众多背离人的本性而走得很远的人,都是因为自己不去寻求,不加发展,所以善的本质无从体现,但不能因此就可以否定善的本质。

为了说明这个问题,孟子用牛山之木作为例子,并展开议论说,牛山好好一片森林,只因为距城市太近,被砍伐一空。本来它还有再生的能力,无奈光山又成了牧场,牛踩马踏,于是就成了光秃秃的山包了。那些不了解此山历史的人从眼前的现象出发,以为它从来就是一座不长草木的光山,自然不合乎事实。据此类推,人也不能以现象当本质。人的仁义之心也和牛山能长树木一样，本来是存在的，只是因为良心的放纵，就像树木之于斧子，旦夕砍伐，被毁坏了。因为毁坏的程度过大，以致失去了再生的能力，于是离人的本质越来越远，而离禽兽的本质越来越近，最终竟等同于禽兽。但我们决不能因为他已经成了禽兽而否定他曾经存在过的人的本质。

最后，孟子综合人心与山木说，认为如果不得其养，有物也会消失、也会泯灭，充分强调了后天的作用。

那么，如何才算是得其养呢？

一曝（温暖）而十寒（寒冷），再容易生长的东西也无法生长。作为社会现象，曝与寒的条件是同时存在的，曝进而寒退，寒长而曝消，如果不择曝弃寒，避寒就曝，即使有向好的方面发展成长的愿望，也是徒然的。

养性不能一曝十寒，也不能因小害大，这里有个"养"的方法问题。公孙丑问孟子："同样是人，有的成为高尚的人，有的则成为品格卑劣的小人，这是为什么呢？"

孟子认为，大人之所以能成为大人，是因为他能养其大，即陶冶其心志，注意理性的思考，不蔽于耳目等感官，有自己的准则和见解，这就叫"立其大"。

孟子以为养心为大，养体为小。大人着意于养心，有思想，有境界，故成大人；小人一味养体，饱食终日而无所用心，故成小人。这就是孟子著名的养心与养体之说。

这里的大人、小人不是权力大小之谓，而是有无德行以及德行高低之谓。

如何养心呢？

孟子认为养心的最大要领在于寡欲。为人寡欲，虽然也有不能保留和发挥善的本能和本性的，但为数极少；为人多欲，虽然也有能保留和发挥善的本能和本性的，为数也极少。这里，孟子做了有条件的判断，没有绝对化。而其强调善的本能和本性，却是始终如一的，对《周易》"继善成性"思想的发挥是充分的、大胆的。

曾国藩书法 "寡欲精神爽"

第四章　亚圣孟子与《周易》

二、浩然之气

刚健是《周易》一个至为重要的思想，它贯穿于全书，更集中地反映在《乾》卦中。

乾是天，天就是刚，就是健，就是高明，就是博大。刚健是天的本质特点，也是乾道的本质特点。故《易传·大象》概括《乾》卦的主旨说：

天行健，君子以自强不息。

这就是通常所说的刚健之气。孟子一生，最注重这种刚健气质的修养，也最看重自己的这种气质。

一次，告子问他，什么是他所长。孟子回答说："我懂得辨析言辞，我善于涵养我的浩然之气。"告子又问："何谓浩然之气？"孟子回答说：

> 难言也。其为气也，至大至刚，以直养而无害，则塞于天地之间。(《孟子·公孙丑上》)

浩然之气是什么气呢？孟子做过许多解释，概括起来，就是至大至刚。

至大是至为广大，至刚是无比刚健，但这至大至刚的气并不是生来就有的，是需要培养的。"直养而无害，则塞于天地之间"，一直培养而不加损害，它就能充塞于天地之间。这和《周易》中《彖传》说的"大哉乾元，万物资始，乃统天"的气势是一致的，与《象传》"君子以自强不息"的精神是一致的。

孟子的养气实际上是养义，只有为人光明正大，才能有浩然正气；有义则有气，无义则无气。养气，目的是为了提升自己的气质，养成良好的刚柔并济的理想性格。

那么，什么才是理想性格呢？孟子曾以古代名人伯夷、柳下惠对比来说明。

伯夷是以高度的原则性著称的，连别人的帽子戴得不正他都要生气。柳下惠则相反，和谁都能交往，虽然交往，但决不因他人而影响自己的正直。哪怕是娇艳女人裸身站在身旁，柳下惠也不为所动，这就是柳下惠"坐怀不乱"的典故。

伯夷、柳下惠的共同点是任何时候都不为外界的不良倾向影响，其不同点则是行事方式完全相反。两者都十分可贵、十分难得，但孟子认为两者都不可取。他评价说，伯夷太狭隘，柳下惠不恭。

伯夷因为太刚直而显得狭隘，柳下惠因为太随和而显得对道德准则不够尊重。太刚直就必然脱离群众，使自己孤立；而太随和则难以自持。真正能做到男女裸体相对而毫不动心的，恐怕也就只有传说中的柳下惠了，故不可提倡。

孟子认为，在与人的交往上，刚直的原则是必要的，但不能过严，也不能过宽。过严易孤傲，过宽则失于简慢，孤傲、简慢都不符合刚直的原则。

伯夷、柳下惠、孔子，古之三圣，其气自然都是至大至刚，充沛天地，但却并不同道，因为他们各自的性格不同。

伯夷至刚不柔，他的原则是在乱世时就退隐，有圣明君主就辅佐，以保持自己的正气不被他物沾污。

柳下惠化刚为柔，无论是乱世还是治世，都积极入世，以自己的正气感化他人。

孔子有刚有柔，因时俯仰，能进则进，能退则退，这才是比较现实可行的态度。

三者比较，孟子说他都做不到，但他愿意学孔子。

孟子说：

> 富贵不能淫，贫贱不能移，威武不能屈，此之谓大丈夫。（《孟子·滕文公下》）

大丈夫者，胸中有浩然之气而不可屈挠侵夺者也，而这正是乾道的刚健所在。

三、施行仁政

孟子有一个可贵的思想,认为君王并非一定要特定某个人才能做得,而是有德者当之。他的原则是:

> 是以惟仁者宜在高位。不仁而在高位,是播其恶于众也。(《孟子·离娄上》)

当齐宣王问他关于卿大夫的职责时,他明确回答说:

> 君有大过则谏,反覆之而不听,则易位。(《孟子·万章下》)

易位就是挪动位置,把台上的拉下来,换别的人上去。孟子此语一出，致使宣王"勃然变色"。

我们从这个故事可以理解孟子的浩然之气，同时还可以了解孟子有关"德"和"位"的思想。

德与位是《周易》推卦理以及人事的着眼点和着力点。以《乾》卦为例，无爻不讲德，无爻也不讲位。

《周易》认为，位与德是相联系的，又是相分离的。有位必须有德，但有德不一定有位。德与位相比，德是第一位的，有德才有位，先有德而后有位，无德必须去位。

《周易》的德位观启发后学千百年来孜孜不倦，探求进德修业的途径。著名的《大学》《中庸》，讲的全是这方面的道理。但探讨时往往着重于德的一个方面，而很少像《易传》一样，把德和位二者联系起来考察。《易传·系辞》：

> 天地之德大曰生，圣人之大宝曰位，何以守位曰仁，何以聚人曰财。

算是道出了问题的实质。有德行的人不一定能得到权位；无德行的人不一定得不到权位，但无德行的人一定守不住权位，侥幸守住一时，也守不长久，不仅守不住权位，还要付出惨重的代价。

鉴于历史的经验教训，《易传·系辞》提出了"守位"的命题，并且提出了"仁以守位"的具体原则。"仁以守位"是通过施仁政来守住权位，在这个问题上古往今来阐述得最生动、最深刻且又十分大胆的中国学者，要数孟子。

孟子关于"守位"的具体方法和措施，有如下几条：

一曰保民。位是以民为前提的，无民则无位，人是一切事业的根本，故保位首先必须保民。保民的关键在于爱民。官爱民则民爱官，反之，则如孟子所说：

> 君之视臣如犬马，则臣视君如国人；君之视臣如土芥，则臣视君如寇仇。

所以，保民才能保位，虐民难免丧身，这是孟子守位的第一要诀。

二曰不与民争利。在社会尚未进入民主的时代，权位就是资产，而且是一种万能的资产，而这种资产的限额，又是由掌管的权位大小来决定的。权位愈高，资产愈大。

这样，位与德的关系被扭曲成位与利的关系，这是被扭曲了的、非正常的。历史上无时无处不有因位得利，同时又因利丢位乃至丧生的事例。所以，孟子守位的另一要诀是不与民争利。

那么，是否可以完全不要利而只讲义呢？不是，孟子的主张是先义而后利，并不是有义而无利，只是义利的先后次序不能颠倒。权位是最能满足个人欲望的，因而也就成了优先抢夺的对象，故国君倡利就可能自失其位。孟子的主张和《易》的德位观点是一致的。

三曰与民同乐。与民同乐是一切统治者最爱用以标榜自己德行的话题，然而大多徒有其名，并无其实，很难有孟子所说的与民同乐。

孟子举出两个历史名人作为例子。一是正面的典型周文王。文王也修池,也筑台,也养鹿,也养鸟,但他的苑囿是开放的,是与大众共用的,是为大众而置的,所以人们高兴,歌吟不绝。一是反面的典型商纣王。纣王无道,兴土木无宁日,全不顾人民死活,而楼台亭阁仅为一人享用,所以人们恨他,愿他速死,甚至要和他拼命,与他同归于尽。

四曰制民之产。要使百姓乐而无忧,关键的问题要使其生活有着,能够温饱。如何才能使民温饱,孟子阐述了三个基本观点:不违农时,不竭泽而渔,禁止滥砍滥伐。

历史的经验证明,大凡一个地区、一个国度的灾荒,往往直接间接地与执政的失误有关,而这些都直接关系到民众的生活,乃至他们的生死存亡,执政者是不可不慎的。一旦能慎,也就是"王道之始",就不必担心权位不保了。

孟子还进一步提出很多具体的细节,这里不再赘述。孟子提出两种使他最反感的现象:一是宠物吃人的粮食不加制止,一是路有饿死之人而不知救济。"庖有肥肉,厩有肥马"和"民有饥色,野有饿莩",是当权者生活与无权百姓生活的鲜明对比。

孟子认为,百姓的饥色、野外饿死的人,是当权者一手造成的,因为他厨中的肥肉、院中的肥马,都是吃百姓血汗长肥的,所以叫"率兽而食人"。率者领也,统治者领着一群野兽在吃人!

此外,还有不好大喜功,听取大多数人的意见等。能做到上述几条,就可以算得上施行了"仁政"。做君主的能施行仁政,就可以守住自己的君位,否则,不仅君位不保,还有可能招致杀身之祸。

一个荒唐暴虐的君主被愤怒的臣民推翻甚至杀死,这是否有悖于传统儒家对君主要"忠诚"的思想呢?继承了《周易》德位观的孟子认为,并非如此。

一次,齐宣王问孟子:"周武王把自己的君主'纣'杀死了,这叫臣弑其君,这样可以吗?"孟子回答说:"纣王既不仁也不义,这样的国君就叫独夫。我只听闻诛杀了一个名叫'纣'的独夫,没听说有弑君这回事。"

在传统的儒家看来，臣子杀掉君主，叫作"弑"，这是十足的忤逆不忠，是绝无可赦的大罪。但是孟子用《周易》的德位观说出了以上的言论，有些惊世骇俗，却道破了君王之道的真谛。

战国中期以来，社会经济政治和文化思想领域都较之前发生了重大变化，因而诸子百家争鸣的局面也愈演愈烈。加之孔子死后，儒家内部发生分裂，一时无法形成强有力的学术思想中心，儒家受到了严峻的考验。这时孟子挺身而出，大力弘扬儒家思想，积极加入百家争鸣的行列，维护和巩固了儒家学派的地位。

综观孟子的思想与行为，《周易》在其中起了重要的推动和指导作用。虽然孟子留下的文献《孟子》一书中未见直接的对《周易》的论述，但是孟子的核心思想无不与《周易》息息相关。虽无《周易》之名，却有《周易》之魂，孟子是当之无愧的易学大师。《周易》与儒学的关系，也因为孟子的原因而更加密不可分。

第五章　孔孟之后的儒学与《周易》

自汉代以后,《周易》为儒家群经之首的地位已经确定无疑了,而需要进一步探索的是,《周易》这部卜筮之书,为什么在汉代的儒学振兴以及宋代的儒学革新中,却能够发挥其特别重要的作用。

一、焚书没有焚《周易》

公元前213年,秦始皇为了庆祝大将蒙恬打败匈奴，增添了一个朔方郡，就在咸阳宫里开了一个庆祝会，大宴群臣。大臣们全给他敬酒，祝他健康。博士淳于越重提恢复周代的分封制，主张学习古制古法，认为：

> 事不师古而能长久者，非所闻也。

丞相李斯反驳指出：时代不同，治理方法也应有所不同。儒生"不师今而学古""道古以害今"（《史记·秦始皇本纪》），如不禁止，不利于政令的贯彻执行，统一局面将遭破坏。因此建议：凡《秦纪》以外列国史书皆焚毁；除博士官外，私藏《诗》《书》、百家语者，限期交官府烧毁；偶语《诗》《书》者弃市；以古非今者灭族；官吏知情不举者同罪；令下三十日不烧，黥面，罚四年筑城劳役；仅医学、卜筮、种树（农业）之书不烧；欲学法令者以吏为师。秦始皇批准李斯建议，下令施行。这就是历史上有名的秦始皇焚书事件。

秦始皇为了自己能长生不老，令方士卢生和

侯生为他寻找仙药，可卢生和侯生竟私自逃走了。秦始皇十分震怒，说：我把天下不中用的书都烧掉后，又把许多方术之士召来，让他们寻找和制炼不死之药。其中侯生、卢生是我最信任的两个。可他们却和儒生同流合污，一起说我的坏话，真是可恶极了！

于是，秦始皇就派御史对所有的儒生进行考察审问，又让儒生们互相检举揭发。哪知道这批人还没受拷打，就直打哆嗦，东拉西扯地供出了一大批来了。审问下来，秦始皇把那些认为犯禁的四百六十多人都活埋了，把那些犯禁情形次一等的发配到边疆去开荒。这就是历史上著名的坑儒事件。

焚书坑儒的后果很严重。在政治上，秦始皇因此巩固了中央集权，成功实行个人独裁。原来周朝的封建制允许地方政府拥有一定的自治权限，防止权力过度集中，为学术上的"百家争鸣"创造了条件。但经过秦始皇这一连串破坏之后，中国学术界再也没有出现过春秋战国时"百家争鸣"

的现象。在文化上,秦始皇摧毁了大量先秦典籍,除后人通过记忆恢复的个别典籍外,大量珍贵文献被毁。对中国文化尤其是中国先秦历史研究等都造成了不可弥补的恶果。在思想上对国民形成了禁锢,是一种愚民政策。

在焚书事件当中,并非把所有的书籍全部烧掉,医学、卜筮、种树之书是技艺之学,无关思想,所以得到保存。而《周易》在当时就被定性为卜筮之书,得以幸免于难。

二、孟喜改师法

孔子晚年喜欢研究《周易》,经过整理之后,作为教学内容的一个科目传授给他的弟子们,我们比较熟悉的有子夏,但将孔子易学发扬光大的是"七十二贤"中的"商瞿子木"这一支。

商瞿子木,商姓,名瞿,字子木。商瞿子木

又将易学传给楚国人子弘、鲁国人桥庇子庸。

之后,桥庇子庸将易学传给江东(今江苏巢湖)的馯臂子弓,馯臂子弓传给燕国的周丑子家,周丑子家传给东武(今山东诸城)的孙虞子乘。孙虞子乘传给齐国的田何子装。

在田何子装时期,正值秦始皇焚书坑儒,禁学秦国以外之学问,但由于《周易》为卜筮之书,在禁例之外,故而传授者不绝。

到了汉朝时期,田何子装迁徙到杜陵(今陕西西安雁塔区),号杜田生。他将易学传授给东武的王同子中,洛阳的周王孙、丁宽、齐服生等人,丁宽传授给田王孙,田王孙又传授《周易》给施雠、孟喜和梁丘贺。

"孔易"传至孟喜这一代,注解《周易》的方法又起了一个变化。

孔子的易学,着重从"德义"的角度解释《周易》。因此从行文上看,我们通常会认为孔传《周易》纯属"人文易",与卦象、筮数、占卜没有什么关系。这是个误解。孔子的"德义"实则是以"象"为基础,将"象"进一步阐发,往"德义"层面推延。

孔子避开"史巫"这个士大夫阶层所违讳的形象,往"政教"的方面发展,微言大义,社会意义积极,所以一直受到历代统治者以及思想者的追捧。孔子到孟喜的这个时期是"轻筮重德"时期。

到了孟喜,孟喜就在"孔易"的基础上引入了"灾异"术。据孟喜说,田王孙临终时,曾另将解《易》秘义单独传于他,并说自己曾得有易家阴阳灾变书等秘籍。可能是孟喜说谎了,目的是为创立自己的一套卦气说,并为将阴阳灾变的天人感应思想引入易学制造借口。

后来孟喜传《易》于焦延寿,焦氏又传《易》于京房。

京房不但是一位易学家,又长于天文历法和算学音律等。他在将科学知识与易学结合的同时,又发展了孟喜的卦气说和阴阳灾变论,形成了更加复杂的易学象数体系,对当时和后世的易学都产生了很大影响。

孟喜为易学开辟了一个新天地，但是也因此葬送了自己的前程。因为汉代是讲"师法"的，擅自改变师承传统属于大逆不道。孟喜这个"灾异"术应属于"谶纬学"的范畴，跟孔子不是一路的。《汉书·儒林传》记载：

> 博士缺，众人荐喜。上闻喜改师法，遂不用喜。

本来孟喜是可以当博士的，因为反传统，失去了机会。但是，自此之后，汉易体系中除了孔易之外，构建起了气势磅礴的"卦气学"。"卦气""卦象"形成汉易的两个重要部分，到了京房，"卦气""卦象"的结合已经发挥到淋漓尽致的程度。

孟喜、京房的卦气说认为，《周易》的卦爻象数体系，完全与节气、物候、天象的变化相适应，天象的异常和自然界的灾变都是预示社会政治变化的征兆，并能通过易卦的占筮来预测其吉凶。

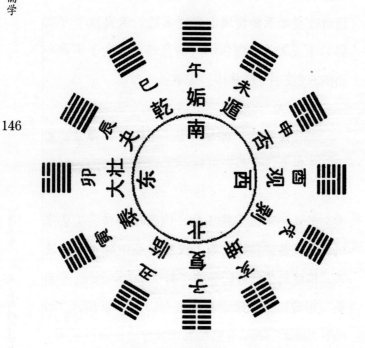

十二消息卦

例如，他们用《震》《离》《兑》《坎》为四正卦来配春夏秋冬四季，用四正卦的二十四爻来配一年的二十四个节气。他们又从六十四卦中挑选出《复》《临》《泰》《大壮》《夬》《乾》，《姤》《遁》《否》《观》《剥》《坤》十二卦代表一年的十二个月，叫作十二辟卦。

他们为什么要挑选出这十二卦呢？因为这十二卦的爻位变化正依次体现了阳长阴消的过程，正与一年十二个月中气候升降的七十二候（五日为一候）相适应，故又称十二消息卦。

另外，京房还提出了很多解读《周易》的方法，所有这些，都是为了预设众多的易学象数模式，打通卦爻之间的联系，以便他们通过占筮来得心应手地解释社会人事的吉凶，达到宣扬天人感应思想的目的。

到了西汉末年，谶纬神学流行以至于儒家"六经"皆有《纬》（与《经》相对，对《经》的神学性解读）。《纬》书的原本后来均失传，据后人辑录的《易纬》佚文来看，《易纬》乃是对孟喜、京房易学的发挥，其中虽也概括了一些自然科学成果，但其核心思想是为了进一步神化《周易》及其作者，因而使象数易学走向没落。总之，随着汉王朝的没落，一度兴盛的汉代易学，也随着独尊一代的整个儒学的僵化而趋于没落。

	本卦	一世	二世	三世	四世	五世	游魂	归魂
乾宫	乾	姤	遁	否	观	剥	晋	大有
震宫	震	豫	解	恒	升	井	大过	随
坎宫	坎	节	屯	既济	革	丰	明夷	师
艮宫	艮	贲	大畜	损	睽	履	中孚	渐
坤宫	坤	复	临	泰	大壮	夬	需	比
巽宫	巽	小畜	家人	益	无妄	噬嗑	颐	蛊
离宫	离	旅	鼎	未济	蒙	涣	讼	同人
兑宫	兑	困	萃	咸	蹇	谦	小过	归妹

京房八宫卦图

三、京房之死

西汉两位京房,于易学皆有研究。一位受学于杨何,官至太中大夫、齐郡太守,其学传梁丘贺。另一位是西汉今文《易》、京氏之学创始人。这里所言的是后者。

京房(前77—前37),东郡顿丘(今河南清丰西南)人。字君明,本姓李,好音律,推律自定为京氏。元帝时立为博士,官至魏郡太守。

一开始,京房从焦延寿学《易》,深得焦氏易学真谛。他把焦延寿以灾异讲《易》的做法推向极端,到处宣讲,以之干政,使易学此一流派在当时声名显赫,对后世影响极大,以致人们把这一流派称之为今文易学"京氏学"。

焦延寿大概看出了京房以《易》干政的危险性,曾不无忧虑地说:

> 得我道以亡身者，京生也。(《汉书·京房传》)

最后结局果然不出焦氏所料。

要想以讲灾异干政，就必须对当时的政治、经济、军事、外交等方面格局有一定了解，洞察其发展变化趋势，能够做出比较准确的预测，再把这些预测与自然灾害、反常天象结合起来，才能为人们所接受。京房不乏这方面的能力，史书上说：

> （京房）数上疏，先言其将然，近数月，远一岁。所言屡中，天子说之。(《汉书·京房传》)

也就是说，京房精于占验，能够预测未来一年社会和自然变化，这相当了不起，所以京房深得元帝信任。

但是，当时朝廷的政治格局对京房十分不利：

> 中书令石显专权，显友人五鹿充宗为尚
> 书令。(《汉书·京房传》)

二人专权乱政，京房认为这是朝廷之患，要想办法罢黜他们。

一次皇帝召见京房，他拿出了早已准备好的说辞。他说，如果帝王不能选贤与能，就会奸人当道，势必国家混乱、灾异横生，而且当前正有一些奇怪的自然现象发生：

> 今陛下即位以来，日月失明，星辰逆行，山崩泉涌，地震石陨，夏霜冬雷，春凋秋荣……《春秋》所记灾异尽备。(《汉书·京房传》)

看来一定要反省是否有奸人当道。这些话吓坏了元帝，连忙请京房明示，京房说：

> 上最所信任，与图事帷幄之中，进退天下之士者是矣。

暗指石显。因有此事，石显等人当然对京房恨之入骨。

后来京房又建议实行"考功课吏法"，遭到官员反对，皇帝想选择某处做试点推行。石显等人趁机上疏推荐京房，试图把京房排挤出朝廷中枢。元帝于是"以房为魏郡太守，秩八百石，居得以考功法治郡"（《汉书·京房传》）。

京房远离皇帝之后，石显等罗织罪名，最终将京房下狱处死，死时年仅四十一岁。《异苑》中记载了一则盗墓故事云：

> 京房尸至义熙中尤完具，僵尸人肉堪为药，军士分割之。

这当然是小说家言，如果是真的，那么一代大儒死后不安，尸身遭分食，实在可叹。

京房能够运用象数理论进行占验，据其弟子说：

房言灾异，未尝不中。(《汉书·京房传》)

现存金钱课、纳甲筮法等占卜方法，基本都根源于京房的"火珠林"。

四、王弼易学

到了魏晋时期，由于社会的动荡，学术思想开始活跃，儒学独尊的地位受到挑战，玄学思潮随之兴起。当时以王弼为代表的一派玄学家，试图立足于道家的立场，"援道入儒，融合儒道"，并把《周易》列为玄学必读的经典"三玄"(《周易》《老子》《庄子》)之首。这说明他们把"融合儒道"的重点放在了《周易》上。

才华横溢的青年玄学家王弼治《易》，继承义理学派的传统，但却以老子的思想注释《周易》，反对汉代烦琐的象数模式及其吉凶灾变说,反对卦气说,认为太极为虚无本体。发展并丰富了《易传》中的思辨哲学,为汉代易学注入了新的活力。

南北朝隋唐时期,佛道二教兴起,儒学进一步受到挑战。唐代修订《五经正义》(对儒家"五经"的官方解读著作),其中《周易正义》仍遵循玄学家王弼的观点。一些正统儒者提出"道统论"与佛道相对抗。道统论是针对佛教的"佛统"提出来的,认为儒家思想和儒家的教义从上古的圣人到当时,一直传承有序,有一个清晰的传授脉络。隋唐时期的正统儒者们墨守儒家经典,反对输入新义,反对质疑圣人撰写的经典,甚至提出对佛、道要采取极端的政策。结果适得其反,儒学反而日益僵化,知识分子普遍感觉儒学与自己的生活越来越远。总之,儒学日渐走向低谷。

五、宋代的儒学和易学

宋王朝建立后，社会的政治经济形势发生了新的变化。经济上土地占有日益集中，社会阶级矛盾进一步尖锐。统治者为了加强统治，强化了中央集权制。在新的形势下，又为儒学的振兴提供了条件。但是，儒学要想振兴，自身必须进行革新。宋代理学的兴起，正是儒学在融合佛、道思想的同时进行自身革新的结果。因而，后世又称宋代理学为新儒学。

儒学在汉代的振兴中，提出"易道为五经之原"。在宋代的革新中，又提出"六经之道，《易》为之宗"。在宋代，几乎所有学者都研究《周易》并为之做注释。

理学的先驱周敦颐、邵雍、张载、程颢、程颐等所谓"北宋五子"，都是通过治《易》来融合佛、道以革新儒学的。

二程（程颢、程颐）自称博览上百家的学问，反复研究道家思想、佛家思想几十年，反过头来又回到儒家的"六经"，终于通晓了大道。

其实，不只二程，五子中的其他三人和集理学之大成的朱熹莫不如此。这里的"六经"，主要又是指"六经"之首的《周易》。

二程像

宋儒推崇《周易》，其出发点又与汉儒有所不同。儒学自汉代以来虽然居于独尊地位，但后来在和佛、道的长期较量中也暴露出了自身的某些弱点。其中主要的是，在儒学体系中比较缺乏思辨哲学的基础。但是，在《周易》中，特别在《系辞传》中，却保留了一些思辨哲学的方法和范畴。因而，在新的条件下对《周易》进行新的解释和发挥，既可以吸收佛、道的思想，同时又可站定儒家的正统地位。因为这样可以从形式上给人以印象，似乎这些思想观点都是儒家经典《周易》所固有的，以此达到革新儒学的目的。

宋代理学，又被称为"道学"。"道"和"理"，这两个范畴，程颐在解《易》时将其提高到了主宰世间万物的高度。后来朱熹继承了程颐这一观点，又改造吸收了张载的"太虚即气"的气化论，并吸收了周敦颐、邵雍等人的象数易学的观点，建立起了系统完备的易学体系，并自谓恢复了《周易》的"本义"。

朱熹学识渊博，对儒家的主要经典都做过深入并富有创见的研究，其中对《周易》特别重视。他曾说过：

> 盖《易》不比《诗》《书》，它是说天下后世无穷无尽底（同"的"）事理。只一两字，便是一个道理。

可谓对《周易》推崇备至。

朱熹一方面继承程颐以义理解《易》的思想，但对程颐不谈象数又提出批评。因为在朱熹看来，《周易》既然原为卜筮之书，就离不开象数。如果离开象数，则义理就难明。但他又不同意象数派离气而言理。他认为太极是理，而阴阳是气，《易》从自然原始形态开始，就是理和气相结合的。

儒学在经历魏晋南北朝隋唐一个阶段的没落之后，通过宋代理学的革新，又进入了一个辉煌时期。

六、明清的儒学和易学

当历史进入明王朝，封建社会走向没落，统治者把理学作为加强思想统治的工具，推行八股取士之制，并把朱熹对儒家经典的解释作为僵化

朱熹手迹

的教条，不得越雷池一步，以之作为钳制人们思想的枷锁。致使理学日益流于空疏，儒学成了单纯维护封建礼教的工具。

到了明代末叶，江南一带商品经济趋于活跃，在北方汉满之间的矛盾又日益激化，这时儒家内部出现了一批具有初步启蒙思想的学人，他们试图运用儒学来对中国传统文化进行批判性的总结。

例如王夫之曾提出"六经责我开生面"，试图对儒家思想注入某些新的活力。他通过遍谈儒家的"六经"来阐发自己的哲学、政治和美学观点。并特别重视《周易》，曾撰写多部解释和阐发《周易》思想的著作。他虽然沿用了朱熹义理和象数相结合的解《易》方法，但却反对朱熹"理在气先"和"道在器先"的观点，提出"理在气中"和"道不离器"的观点。他还明确提出了社会历史进化的观点，对后来清代晚期的社会革新运动产生了一定的影响。

王夫之《大云山歌》

明王朝覆灭，清王朝建立后，统治者为了强化阶级和民族两方面的压迫，除继续把程朱理学作为钳制人们思想和维护纲常名教的工具外，又对知识分子大兴文字狱，使学术思想界形成一片死寂的局面。儒家学人大都埋头于经典的考据和史料的整理辑佚工作，而清代易学的成就主要也是在这些方面。特别是对汉代易学史料的整理、考辨和辑佚取得了重大成果，使由于大量史料散失以至于若明若暗的汉代易学，有了一个大致明晰的脉络，为后世易学史的研究提供了不少资料依据。但由于历史的原因，在易学研究推动儒学的发展方面，清代就不能和汉宋两代相比了。

以上所说，从汉末开始，儒学有日益没落的趋势，到了宋代又出现了儒学的振兴，后又出现衰落。但是这只是从一种大的趋势上笼统来谈，实际上，由于儒学的巨大生命力，儒学一直在社会上，尤其是政治上占据着重要的地位。

魏晋南北朝时期，虽然有反礼教的玄学显赫一时，又有佛教、道教盛行于世，作为指导政治的儒学在政治规范与行政活动中始终占有重要的发言权。在朝廷的议论中,也多以儒学为理论根据,而玄学、佛教、道教都只能作为非正统的思想产生一定的影响,在四百年的乱世中,也没有以它们作为政治的指导思想。最佞佛的梁武帝,在三次舍身同泰寺大讲佛经的时候,也没有忘记宣传儒家的经典,对于《论语》《孝经》和"五经"也有较深的研究。其他的统治者就更不必说了。

隋唐时代,虽然在思想界仍然是三教鼎立,而在政治活动中,多是按儒家理论进行的,例如君臣关系、朝廷礼仪、法制建设都是以儒家思想为指导的。

宋代以后,出现了一些变化,即以儒学为传统的汉民族在军事上打了败仗,对儒学比较生疏的少数民族两次入主中原。按理说,似乎应该以少数民族的传统作为统治思想来教化汉民族,而实际情况却是统治者努力学习被统治者的文化即汉民族的儒学传统文化。

这种现象在南北朝时期就已经有过,元朝时提倡朱熹新儒学即理学,清朝时更是不遗余力地提倡儒学。应该说儒学在清代的总结与发展有些方面是空前的。清代在统治者倡导下,编纂了《康熙字典》,又编撰了《四库全书》和现存中国历史上最大的类书《古今图书集成》。对中国古代文化进行了清理与总结,从此产生了中国所特有的考据学。

在两千多年的历史中,江山不断改朝换代,而儒学的统治地位基本没有变,儒家创始人孔子的圣人角色没有变。可见,儒学在中华民族的精神中是根深蒂固的①。

---

① 本段参考周桂钿:《中国传统政治哲学》,河北人民出版社2007年版。

七、走向世界的儒学与易学

儒学在中国流传了几千年,经久不衰,在广袤的土地上聚集了众多的人民,在这样的国度中,能够流传如此之久,绝不是什么偶然因素所能解释的。在中国历史上,虽然也有过反对孔子的思想与行为,如太平天国时期曾经侮辱过孔子,五四运动时打倒过孔家店,"文化大革命"中批判过孔子儒学,但是,孔子依然是世界历史上的著名思想家、儒家的圣人。反对他的那些人却像一阵风,像过眼云烟,热闹了一阵子,就烟消云散,归于平静。总之,儒学深深地扎根于中华民族,扎根于社会。

儒学在中国传统文化中占有特别重要的地位,儒家学说不但在中国,甚至在世界范围中,都对人们的思想产生了重大影响。

在当前世界多极文化的相互交流和撞击中，华夏文明作为世界文明的重要一极，理所当然地要走向世界。而儒学为华夏文明的一个重要组成部分，也引起世人的广泛关注。儒学先传到周边国家，再传到世界各地。东传日本，西传美国。美国有的州以孔子的生日九月二十八日作为教师节的日子。美国某杂志曾评选世界历史上十大思想家，孔子高居榜首。联合国总部大厅中有一幅马赛克镶嵌画，画上写着两行英文，写的就是孔子的名言："己所不欲，勿施于人。"

走向世界的儒学正在焕发出新一轮的勃勃生机。当前世界的一些疑难问题，很多都可以在儒学的思想宝库里面寻找到合理的解决之道。例如随着工业化、城市化的进程加快，人与人、人与自然日益疏离，用主客二分、主客对立的思维方式是无法完全解决这一问题的，而如果借鉴儒学的天人感通、天人一体、天人和谐的思想，改变主客二分的思维方式，建立起天地人有机整体的思维方式，或许还有解决的可能。这也是很多国

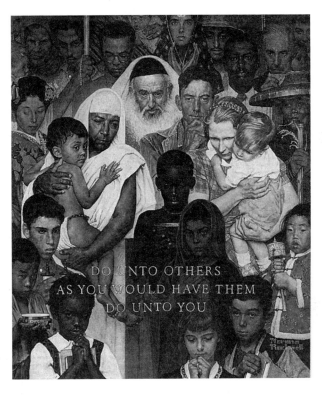

联合国总部大厅挂画

第五章 孔孟之后的儒学与《周易》

外学者关注儒学、研究儒学的重要原因。

对儒学的研究离不开对《周易》的研究，近些年来在中国乃至国际上一再出现的易学热就是明证。走向世界的儒学伴随着走向世界的《周易》，经历了数千年的携手同行，儒学与《周易》已经血脉相融，难分彼此。相信在未来，儒学与《周易》必将为世人呈现更多的智慧，带来更大的惊喜。